# 돈의 선택

세계 경제사 주요 사건으로 읽는 부의 지도

# 돈의 선택

## THE CHOICE OF MONEY

한진수 지음

중앙books

# 먹고사는 문제의 역사에서 찾은
# 새로운 부의 기회

## ⊂ 그동안 어떤 일이 벌어진 것일까? ⊃

르네상스 시대만 해도 이자 수취 같은 이윤 추구는 심할 경우 파문에 해당하는 죄였다. 궁핍한 상태에 있는 사람에게 돈을 빌려주고 대가를 받는 일은 부도덕하다고 여겼기 때문이다. 자급자족적 방식으로 경제를 운용하고 경제 성장이 거의 정체되어 있던 당시에 이윤 획득은 마치 제로섬 게임 같아 한쪽의 소득을 다른 쪽이 편취하는 것으로 비쳐졌다. 그래서 상인들은 예술가를 재정적으로 후원했고, 교회를 위한 작품을 만들게 해서 교회에 헌납하는 방식으로 '이윤 추구의 죄'를 씻으려 했다.

사실상 오늘날처럼 어떤 일로 돈을 많이 벌어 부자가 되는 것이

떳떳하거나 회사를 크게 키우는 일이 용납된 것은 그리 오래된 일이 아니다. 역사상 대부분의 기간 동안 조물주만큼이나 건물주가 부러움을 사는 일은 없었다. 특히 장사를 해서 이윤을 남기는 행위는 옳지 않은 일이었다.

경제학의 창시자로 칭송되는 프랑수아 케네(François Quesnay) 역시 "농산물을 생산하는 일만이 오직 유일하게 경제적 가치를 창출한다"고 천명했다. 믿어지는가. 이것이 18세기 중반 프랑스의 생각이다. 농업 외의 제조업이나 서비스업은 국가의 부를 늘리는 데 도움이 되지 않는다고 여겼고 장려되지 않았다. 케네에 따르면, 지금 이 책을 쓰는 나의 노력과, 편집하는 출판사의 노동, 전시하고 판매하는 서점의 서비스 역시 국가의 부에 기여하지 못한다.

그러나 그로부터 채 300년이 지나지 않은 지금, 우리나라 국내총생산(GDP)에서 농업이 차지하는 비중은 2퍼센트에도 미치지 못한다. 건설업을 포함해서 제조업과 서비스업 생산이 95퍼센트를 차지하고 있다. 그렇다면 과연 그동안 어떤 일이 벌어진 것일까?

## ⊏ 변화의 길목, 돈의 선택 ⊐

내가 대학교에 갓 입학했을 때, 선배들은 신입생들에게 몇 권 필독서를 던져주었다. 으레 대학생이 되면 읽어야 할 책이 있었고, 그 책의 목록은 선배에서 후배로, 또 그 후배에서 그다음 신입생에게로 전수되었다. 필독서 중 하나가 에드워드 카(Edward H. Carr)의 《역사란 무엇인가》(What Is History?)였다. 그 유명한 "역사는 과거와 현재의 끊임없는 대화"라는 말도 이 책 속에 담겨 있다.

인간의 삶, 만약 그것을 분리할 수 있다면, 그중에서도 '경제적 삶'이 차곡차곡 쌓여온 것이 경제의 역사다. 그리고 그 경제의 역사엔 유구한 '돈의 흐름'도 강물처럼 그려져 있다.

경제의 역사를 모르고서는 현재 내가 살아가고 있는 세상의 모습을 이해하기 어렵다. 경제란 무엇인가? '사람들이 먹고사는 문제'다. 결국 미래를 움켜쥐는 사람들은 경제의 역사를 꿰뚫고 있는 사람들이다. 더 정확하게 말하자면 미래의 부를 움켜쥐는 사람들은 먹고사는 문제에 관한 역사를 통찰하고 전망하는 사람들이다. 변화의 길목에서 돈을 기다리는 사람들, 즉 '돈의 선택'을 읽어내는 사람들이다.

## ⊏ 반복되는 역사 폴리비우스, 버블 그리고 바이러스 ⊐

역사는 반복된다. 그 모양과 규모가 다를 뿐. 사건과 현상의 이유와 원리는 한결같다. 이미 기원전 2세기 고대 그리스의 역사가 폴리비우스(Polybius)는 이 준엄한 역사의 순환성을 갈파했다.

세계를 제패한 제국의 영광도 때가 되면 내리막길을 걷는다. 로마 제국도 그랬고, 유라시아를 평정했던 몽골 제국도 그러했다.

17~18세기 유럽은 이른바 3대 버블로 몸살을 앓았다. 당시 황금시대를 누렸던 네덜란드에서는 튤립 구근 한 개가 숙련된 장인이 번 연간 소득의 10배 가격으로 거래되었다. 그 유명한 '튤립 버블'이다. 튤립 버블이 사람들의 뇌리에서 지워질 무렵, 18세기 초 영국과 프랑스에서 각각 남해회사와 미시시피회사의 주가가 급등락하면서 버블을 일으켰다. 다시 경제와 정치는 요동쳤고, 위기를 초래했다. 그리고 20세기, 또한 지금도 주가와 부동산 가격 버블은 희비쌍곡선을 그리고 있다.

이 책을 쓰고 있는 동안 세계는 코로나 바이러스 감염증 19로 몸살을 앓고 있다. 약 800년 전에도 흑사병으로 세계는 대혼란에 빠졌다. 100년 전에는 스페인 독감이 대유행하여 5000만 명이 목숨을 잃었다. 제 1차 세계대전으로 희생된 사람보다 몇 배나 더 많은 수치다. 100년 주기설이 나올 만큼 바이러스도 반복해서 인간을 공격한다.

## ⊏ 기회와 위기의 갈림길에서 먹고사는 문제의 역사 ⊐

앞으로의 세계는 어떻게 흘러갈까? 자본주의는 어떤 모습으로 변모할까? 돈은 어디에서 빠져나가 어디로 쏠릴까? 미래의 모습을 생생하고 정확하게 예측하기란 불가능하다. 변화는 계속되고, 혼란도 이어질 것이다. 그리고 변화와 혼란이 누구에게는 소중한 기회가 되고 누구에게는 심각한 위기가 될 것이다. 나는 '먹고사는 문제의 역사'를 공부하는 사람에게 그 기회가 찾아올 것이라 믿는다. 기회란 그것을 잡는 사람에겐 '기회'이며 그것을 놓치는 자에겐 '위기'다.

세상의 변화와 혼란을 기회로 삼으려는 사람에게 역사만 한 스승은 없다. 자본주의가 탄생하기까지 인간이 어떤 모습으로 어떤 경제를 살아왔으며, 그리고 자본주의 시대에 돈이 어느 곳으로 모이고, 돈이 인간의 경제생활에 어떤 영향을 미쳐왔는지 살피는 이 책은 이런 점에서 생활의 지침, 인생의 길잡이가 될 것으로 기대한다.


## ⊂ 역사를 읽으며 경제를 배우다 ⊃


이 책은 경제의 역사를 다섯 시기로 나누고 있다. 고대, 중세, 근대 전기, 근대 후기, 현대다. 서양 역사 중심의 시대 구분이다. 근대와 현대는 서구 중심의 세계였다. 자본주의가 서양에서 시작된 탓이다. 중세까지는 동양의 문명과 경제가 서양보다 앞서 있었지만, 근대 이후 동양은 서양의 식민지가 되기도 했다. 나 역시 매우 안타까운 일이지만, 이 또한 역사다.

다른 시기와 달리 근대를 전기와 후기로 구분했다. 지금 우리가 살고 있는 사회를 규정하는 자본주의가 태동하던 시기와 자본주의가 본격적으로 인간의 삶에 침투하는 시기를 구분했다. 가장 짧은 기간임에도 불구하고 말이다. 두 시기 사이에는 중대한 변화가 있었다.

경제사를 고대, 중세, 근대와 현대로 구분하는 이유는 각 시대를 구분할 수 있는 중요한 특징이 있어서다. 예를 들면 고대는 노예제, 중세는 봉건제, 근현대는 자본주의로 정의할 수 있을 것이다.

이와 같은 먹고사는 문제의 역사를 생산 수단을 쟁취하는 역사로 해석하는 이도 있다. 생산 수단은 사람들이 원하는 생산물을 지속적으로 만들어낼 수 있는 힘이기 때문이다. 그러니 핵심 생산 수단을 소유한다는 것은 곧 경제력과 권력의 소유를 의미한다.

핵심 생산 수단의 모습도 시대에 따라 변모해왔다. 고대와 중세에는 먹거리를 만들어내는 토지가 핵심 생산 수단이었다. 고대에는 왕이 토지를 소유하고 노예를 통해 농업 생산물을 만들어냈다. 중세에는 왕이나 영주가 '장원'이란 이름으로 토지를 소유하고 농노의 노동력을 활용해 생산물을 만들어내고 권력을 장악했다. 자본주의가 탄생하면서 핵심 생산 수단이 토지에서 자본으로 옮겨갔다. 이에 따라 근현대에는 공장이나 기계 같은 생산 수단을 소유한 자본가가 경제력을 쥐고 있다.


⊏ 찾고 싶은 해법과 변화 속에 숨어 있는 암시 ⊐


2500년 경제사에서 결정적인 장면들을 추렸다. 이 책은 일종의 하이라이트다. 오이코노미코스에서 실크로드와 인클로저를 거쳐, 자본주의와 신자유주의 그리고 복지국가까지. 장면들을 찬찬히 들여다보길 바란다. 각각의 사건과 인물, 현상, 변화들을 좀 더 자세히 공부하면 오늘의 변화를 좀 더 쉽게 이해할 수 있을 것이다.

막스 베버, 애덤 스미스, 맬서스, 데이비드 리카도, 케인스, 밀턴 프리드먼 같은 경제학의 거장들과도 짧게나마 만나게 될 것이다. 먹고사는 문제를 공부하기를 업으로 삼고, 그 공부로 역사에 기록된 사람들이다. 이들에 대해서도 자세하게 살펴보기 바란다.

경제는 살아 움직인다. 돈의 선택도 움직인다. 먹고사는 문제의 역사를 읽고, 돈의 흐름을 되짚어보는 이 책을 통해 여러분이 찾고 싶은 해법과 변화 속에 숨어 있는 암시를 발견할 수 있기를 기대한다.


한진수

**차례**

## I.   문명의 수레바퀴를 돌린 것은 돈이었다

## II.   혼란의 시대, 돈이 선택할 곳에 가 있던 사람들

## III. 돈이 사회를 흔들다, 투자와 투기

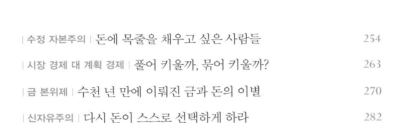

# 문명의 수레바퀴를
# 돌린 것은 돈이었다

# 인류와 경제
# 그리고 부의 시작

## ⊂ 가장 오래된 직업 ⊃

의사와 건축가와 정치인이 우연히 한자리에 모였다. 세 사람은 서로 자기 직업의 역사가 가장 오래됐다고 자랑하기 시작했다.

의사의 주장은 이러했다.

"성경을 보면, 하나님이 아담의 갈비뼈를 가지고 이브를 만들었다고 적혀 있지요. 이것이야말로 외과의사가 아담과 이브의 시대부터 존재했다는 증거가 아니겠습니까?"

의사는 승리를 자신했지만 건축가의 반박이 만만찮았다.

"그 논리에 따르면 건축이 더 오래됐습니다. 하나님이 그보다 앞서 혼돈 속에서 이 세상을 건설하셨다고 창세기에 기록돼 있지 않습니까?"

두 사람의 말을 듣고 있던 정치인이 빙그레 웃으며 입을 열었다.

"그 혼돈을 누가 만들었다고 생각하나요?"

이 한마디에 두 사람은 두 손을 들고 말았다. 누가 봐도 혼돈을 초래한 사람은 정치인밖에 없었다.

미국에서 만들어진 유머인데, 정치와 정치인에 대한 이미지는 전 세계 공통인가 보다. 그런데 정치인 대신 경제학자를 넣어도 별반 달라지지 않을 듯하다. 서로 다투고 힘을 모으지 못하는 것에는 경제학자도 결코 뒤지지 않기 때문이다.

누구는 최저 임금을 대폭 인상해야 한다고 주장하는 반면, 다른 쪽에서는 경제를 어렵게 하는 정책이라며 비난한다. 어떤 경제학자는 금리를 내려 경제를 살려야 한다고 주장하지만 금리를 내리면 부동산 시장이 불안해진다며 반대의 목소리를 내는 경제학자도 등장한다. 그래서 사람들의 눈에 경제학자들은 항상 다투며 경제 문제를 시원하게 해결하기보다는 오히려 혼란을 초래하는 존재로 보인다.

어떤 직업이, 어떤 학문이 이 세상에서 가장 오랜 역사를 갖고 있는지를 다투는 것처럼 부질없는 일은 없다. 역사가 길다고 딱히 좋은 점이 무엇인가. 모든 학문이 사람들과 관련된 연구와 분석을 하고 있을진대, 인류 역사와 함께 모든 학문이 시작됐다고 보는 게 타당하고 현명하지 않을까.

# ⊂ 경제학의 아버지 ⊃

음악의 아버지는 바흐다. 경제학에도 아버지가 있다. 애덤 스미스(Adam Smith, 1723~1790)다. 그로부터 경제학이 시작됐다는 뜻이다. 오늘날 우리가 배우고 있는 자본주의 경제학의 기본 원리와 시장의 작동 원리를 그가 체계적으로 분석하고 제시했기 때문이다. 이렇게 본다면 경제학의 역사는 겨우 250년에 불과하다. 단, 여기에서 이야기하는 경제학은 '현대적 의미의 경제학'이다.

그렇다면 애덤 스미스 이전에는 경제학이 존재하지 않았을까? 이는 분명히 잘못된 생각이다. 바흐가 음악의 아버지이지만 분명히 그 이전에도 음악이 존재하지 않았던가. 스미스 이전에도 '현대적이지 않은 경제학'이 존재했다. 희소성의 문제와 그로 인한 경제 문제, 그리고 그 문제를 해결하기 위한 인간의 고민과 노력은 인류 역사와 항상 함께 해왔다.

구약성경에서도 희소성과 그로 인한 경제 문제를 찾아볼 수 있다. 생활에 필요한 자원이 충분하지 못하다는 문제, 즉 경제 문제를 해결하기 위해서 욕구를 제한하기를 권고하고 있다. 자원이 희소한 상황에 대응해 금욕을 해결 방법으로 제시한 것이다.

경제 문제와 그것을 고민하는 경제학이 사람들과 항상 함께해왔다는 데에는 다툼의 여지가 없다. 경제학은 "사람들의 일상생활을 연구하는 학문"이라고 경제학자 앨프리드 마셜(Alfred Marshall, 1842~1924)이 말하지 않았던가. '현대적 의미의 경제학'의 바탕과

문명의 수레바퀴를 돌린 것은 돈이었다

그 배경이 된 고대 사람들의 경제생활과 경제 문제로까지 경제의 역사를 거슬러 올라가보자.


## ⊏ 농사는 본격적인 경제 활동의 시작 ⊐

인간의 조상은 이곳저곳을 옮겨 다니며 사냥하고 풀을 뜯어 먹었다. 운이 좋게 음식을 구한 날은 다행이었다. 사냥으로 아무것도 잡지 못한 날에는 굶어야 했다. 하루하루가 자연과의 투쟁이었으며 험난한 자연 속에서 생존하기 위해서 꼭 필요한 만큼만 몸을 움직이며 살았다.

이러한 인간의 생활에 혁명적인 변화가 나타났다. 인간이 자연을 이해하고 생물의 지역적·계절적 변화에 대한 지식을 습득하면서 불안정한 이동식 삶을 벗어나 한곳에 정착하기 시작했다. 경험을 통해 식물의 파종, 성장, 수확을 이해하면서 인류 역사는 새 장을 열었다. 인간이 처음으로 농사를 짓고 가축을 기르기 시작한 것은 지금으로부터 1만 년 전쯤으로 알려진다. 그때는 아직 쇠를 다룰 줄 몰랐으므로 돌을 갈아서 도구를 만들었다. 이른바 신석기 혁명이다.

정착 생활과 농사는 인간의 삶을 근본적으로 바꾸었다. 사냥과는 달리, 사람들이 치밀하게 계획을 세우고 오랜 시간을 들여 꾸준히 행동으로 옮겨야만 식량을 얻을 수 있는 것이 농사였다. 비로소 제대로 된 '경제 활동'을 시작한 것이다. 이를 계기로 인간은 원시 사회에서 벗어나 고대 사회로 진입했다.

농사 덕분에 굶주리는 사람이 대폭 줄었으며 목숨을 건 사냥의 필요성도 감소했다. 기후가 좋아 풍년이 들고 가축의 생존율이 높아지는 시기에는 풍족하게 먹을 수도 있었다. 그 덕분에 인구가 증가할 수 있었다.

인간은 여기에서 그치지 않고 식량을 더 많이 생산하기 위한 방법을 꾸준히 고민했고, 낫이나 괭이 같은 생산 도구도 제작했다. 이러한 노력은 생산력의 발전으로 이어졌고, 잉여 농산물이 많아졌다. 잉여 농산물을 다른 사람과 거래하거나 빌려주는 경제 행위가 자연스럽게 발생했다.

잉여 농산물은 인간에게 좋은 소식만 가져다주지는 않았다. 잉여 농산물을 두고 이웃 사이에 분쟁이 발생하기도 했다. 종족 사이에 전쟁이 발생하는 불씨가 되기도 했다. 힘으로 남의 것을 빼앗는 일도 생겨났다.

## ⊏ 왕과 노예 계층의 탄생 ⊐

잉여 농산물이 발생하면서 사적 소유, 사유 재산 같은 개념이 등장했다. 토지같이 중요하고 핵심적인 생산 수단은 여전히 공동으로 소유했지만 가축이나 농기구 같은 생산 수단부터 점차 사유화되기 시작했다. 공동체 수장이 권력을 확보하자, 늘어난 가축을 이용하거나 처분하는 권리를 장악하기 시작했다. 수장 계층을 중심으로 부가 집적되기 시작한 것이다. 사유 재산권 개념은 지속적으로 확산됐으며 토지마저도 공동체의 공동 소유 부분을 제외한 나머지는 개인이 소유할 수 있는 대상으로 변모했다.

사적 소유가 허용되고 균등 분배의 원칙이 약화되자 공동체 구성원의 평등성은 자연스럽게 파괴됐으며 계층이 분화됐다. 예를 들어 잉여 농산물이 많아지면서 생산에 직접 종사하지 않는 계층이 생겨났다. 잉여 농산물을 관리하고 교환을 전담하는 특수한 신분도 생겨났다. 이들 가운데 일부는 지위를 이용해 부와 권력을 더 키우는 데 성공했고 이를 가족이나 친척에게 물려줬다.

부와 권력을 키우는 데 성공한 사람들은 후에 왕족이나 귀족 같은 지배 계층이 됐다. 그렇지 못한 사람들은 피지배 계층으로 몰락했다. 심지어 노예 계층까지 생겨났다. 고된 생산 활동에 투입할 노예가 많이 필요해지자 빚을 갚지 못한 사람이나 죄를 지은 사람을 노예로 부리기 시작했다. 전쟁으로 정복한 지역의 사람들도 노예로 예속시켰다.

고대 사회를 대표하는 특징은 노예 제도다. 노예 제도는 특히 고대 그리스와 로마 지역에서 일반화됐는데, 아리스토텔레스는 노예를 '살아 있는 도구'로 불렀다. 더 심하게는 '말하는 도구'에 불과했다. 이에 비해 가축은 '반쯤 말하는 도구', 나머지 생산 수단은 '말 못하는 도구'였다.

사회 구성원 사이에 계층이 분화되고 이해관계가 대립하면서 사회 질서를 유지하기 위한 강한 규율과 공권력이 필요해졌다. 법이나 제도가 생겨나고 이를 전담하는 기구와 관리자도 등장했다. 본격적인 고대 국가의 출현을 알리게 된 것이다.

문명의 수레바퀴를 돌린 것은 돈이었다

# 최초의 재테크 노하우,
# 오이코스

## ⊂ 생산과 소비를 함께 담당한 집 ⊃

역사학자들은 고대 경제를 한마디로 '오이코스 경제'로 요약한다. 오이코스(oikos)는 집 또는 가계를 뜻하는 그리스어다. 직역하면 오이코스 경제란 '집 경제'다. 그렇다고 오이코스를 오늘날의 집과 동일시하면 안 된다. 지금의 집과는 차원이 다르다. 오이코스는 대가족으로 구성되며, 대규모 농장과 다수의 노예를 소유했다. 소비의 중심지인 오늘날의 집과는 달리, 당시 오이코스에서는 소비와 생산이 동시에 이루어지고 있었다. 지금의 가계와 기업을 모두 포함한 개념인 셈이다.

고대 그리스 시대에는 오이코스가 사회를 구성하는 기본 단위였으며 오이코스 단위로 경제생활이 이루어졌다. 필요한 것을 오이코스에서 스스로 생산해 조달하는 자급자족 생활이 기본이었다. 그러므로 오이코스를 유지하기 위해서 생산성을 높이는 일이 중요했으며, 농장과 노예를 효율적으로 관리하는 일이 오이코스의 핵심 문제였다.

그래서 집을 뜻하는 오이코스와 관리(management)를 뜻하는 노미코스(nomikos)가 합쳐져 오이코노미코스(oikonomikos)라는 말이 생겨났다. 우리말로 바꿔 말하면 '집 관리' 또는 '집 운영'이라는 뜻 정도가 된다. 경제학을 영어로 이코노믹스(economics)라 부르는 것도 오이코노미코스에서 유래된 것이다. 소크라테스의 제자였던 크세노폰(Xenophon, 기원전 430~354)이 쓴 《오이코노미코스》에도 집, 즉 농장의 효율적 관리에 대한 생각이 담겨 있다.

오이코스 경제를 이끄는 주체에 따라 그 위상은 크게 달랐다. 귀족 중심의 오이코스 경제, 승려 중심의 오이코스 경제에 비해 왕의 오이코스 경제 규모는 거대했다. 지배 계층은 거대한 오이코스를 유지하기 위해 전국의 노동력을 동원하고 공납을 거뒀다. 이집트에서 왕을 의미하는 파라오(Pharao)도 '큰 집'이라는 뜻이다.

왕궁이나 사원을 중심으로 도시가 발생한 시대에는 초보 단계의 수공업 형태로 공업이 발전했다. 또 지배 계층의 욕구를 충족할 수 있는 사치품 생산에 대부분 초점이 맞춰져 있었다. 상업 활동도 왕실, 사원, 귀족의 오이코스 경제를 중심으로 이루어졌다. 지배 계층의 생계 유지에 충당하고 남은 잉여 물건을 색다른 사치품으로 교환하려는 욕구에 부응하는 수준이었다. 그 역할을 상인 계층이 담당했다.

기록에 의하면 메소포타미아의 사원은 소유 토지를 농민에게 할당하고 식량과 종자를 대여해줬다. 추수기가 되면 지대, 이자, 원금 등의 명목으로 농산물의 대부분을 징수했으며, 남아도는 생산물로 다른 지역의 물건과 교역했다. 사원이 생산, 판매, 시장을 통괄했고 금융 역할까지 담당했다는 뜻이다.


## ⊂ 상업, 채무, 상속, 임금까지 규정한 함무라비 법전 ⊃

함무라비 법전은 기원전 18세기경에 바빌론을 통치한 함무라비 왕이 반포한 법전이다. 우리에게 널리 알려진 '눈에는 눈, 이에는 이'라는 문구는 다음과 같은 끔찍한 규정에서 비롯했다.

"어떤 사람이 다른 사람의 눈을 멀게 했다면 그 사람의 눈을 뺄 것이다.
그가 다른 사람의 이를 부러뜨렸다면 그의 이도 부러뜨릴 것이다."

함무라비 법전은 전통에 따라 이루어졌던 관습과 관행 대신 법을 통해 개인 간 또는 집단 간 분쟁을 해결하는 계기를 마련했다는 의의를 지닌다. 법전에는 도둑질, 상해, 치사 같은 범죄를 다루는 형법 조항도 있지만 상업, 채무, 상속, 심지어 임금에 관한 상법이나 민법 조항들도 다수 포함돼 있어 당시 메소포타미아 지방의 경제 조직과 경제생활을 간접적으로 엿볼 수 있게 해준다. 당시에도 다양한 경제 활동이 이루어지고 있었음을 충분히 짐작할 수 있다.

우선 당시에도 분업이 이루어지고 있었다. 예를 들면 밭에서 일하는 농민, 소를 모는 목동, 양을 키우는 목자, 숙련된 장인 등의 역할이 법전에 등장한다. 그뿐만 아니라 사유 재산과 계약에 대한 개념이 명백하게 존재했다.

소작과 소작료, 고용과 임금, 거래, 대차(꿔주거나 꿔옴) 등에 대한 인식도 형성돼 있어 법률 조항을 통해 저당, 임대, 이자율 등을 구체적으로 규제했다. 과도한 가격과 이자율에 대한 처벌 규정도 발견할 수 있다. 함무라비 법전을 통해 우리는 고대 사회에서도 상업이나 금융과 관련한 여러 제도가 존재했으며 가격 통제도 이루어졌음을 확인할 수 있다.

### 함무라비 법전의 일부 내용

제48조. 수재나 가뭄으로 작물을 수확하지 못한 해에는 채무가 면제된다.

제88조. 은을 빌려줄 때에는 1셰켈(shekel)에 대해 6분의 1셰켈의 이자를 받는다.

제201조. 어떤 사람이 평민의 이를 부러뜨리면, 그는 은 3분의 1미나(mina)를 물어내야 한다.

제257조. 밭에서 일하는 노동자에게는 1년 임금으로 옥수수 8구르(gur)

문명의 수레바퀴를 돌린 것은 돈이었다

를 주어야 한다.

제258조. 황소를 모는 목동에게는 1년 임금으로 옥수수 6구르(gur)를 주어야 한다.

제268조. 탈곡을 위해 황소를 빌리면 옥수수 20카(ka)를 주어야 한다.

※ 세켈과 미나는 무게의 단위이자 고대 주화로서 1미나는 60세켈에 해당한다. 구르와 카는 식량 등의 측정 단위로서 1구르는 300카다.

## ⊏ 도시 국가의 경제학 ⊐

오늘날 그리스 지역에 도리스인이 침략하면서 씨족이나 부족으로 결성됐던 사회가 무너지고 여러 개의 도시 국가, 즉 폴리스(polis)가 탄생했다. 당시 그리스 지역에 존재했던 대표적 도시 국가로는 아테네, 스파르타 등이 있다.

초기의 도시 국가에서는 귀족이 지배 계층이었다. 귀족은 대규모 토지를 소유하고 소작인과 노예를 이용해서 농사를 지었으며, 중무장할 수 있는 군사력과 상당한 정치적 지위까지 보유했다.

하지만 화폐가 경제에 도입되고 생산성이 높아지면서 지배 계층의 권력에도 조금씩 변화가 생겼다. 일반 시민 중에서 상공업을 통해 화폐를 축적한 사람들이 등장한 것이다. 일반 시민의 경제적 지위가 상승하면서 귀족에 의한 일방적 지배 체제가 약화되고 일부 도시 국가에서는 민주 정치의 씨앗이 태동하기에 이르렀다.

생산 활동의 목적에도 변화가 나타났다. 자급자족 목적에서 벗어나 영리 목적의 생산 활동으로 진화했다. 대지주는 빚을 갚지 못하는 농민의 토지를 빼앗으며 농지를 확대했다. 넓은 농지를 경작하기 위해서는 노예 노동이 필수적이었다. 노예가 없었다면 도시 국가의 발달이나 고대 농업 발달은 크게 제약을 받았을 것이다.

영리 추구 행위는 공업 부문에서도 이루어졌다. 섬유, 도기, 금속 제품은 그리스 도시 국가에서 매우 인기 있는 수출품이었다. 수출입이 빈번하게 이루어진 아테네에서는 자연스럽게 상업과 해상 무역이 발달했다.

해상 무역이 활발하게 이루어지면서 여러 가지 변화가 일어났다. 무역을 원활하게 하려면 커다란 배와 그 배가 접안할 수 있는 항만 시설이 필요했다. 배를 건조하고 항만을 건설하기 위해서는 돈이 많이 필요했다. 하지만 많은 돈을 소유하고 있는 사람들은 제한적이었다. 풍파를 만나 배가 침몰하기라도 하면 전 재산을 잃을 위험도 뒤따랐다. 이러한 문제를 피하기 위한 방법으로 선박의 공동 소유나 파트너십(partnership) 제도가 유행했으며 돈을 빌리고 빌려주는 대부업도 등장했다. 예나 지금이나 사람들의 경제생활의 기본 모습은 비슷하다.

무역에서는 주로 귀금속을 화폐로 사용한 덕분에 거래할 때마다 귀금속의 순도를 확인해야 하는 일을 거쳐야 했다. 귀금속의 순도 확인은 쉬운 일이 아니었으므로 이와 관련된 다툼이 비일비재

문명의 수레바퀴를 돌린 것은 돈이었다

하게 생겨났다. 이는 무역 확대의 장애 요소였다. 이를 보완하기 위해 일정한 모양으로 제작된 주화가 사용됐다. 귀금속에서 주화로, 화폐의 형태가 발전한 것이다. 주화의 주된 재료는 금, 은, 동이었다. 주화의 편리성과 유용성이 알려지면서 주화는 도시 국가에 널리 보급되기 시작했다.

여기서 주목할 것이 한 가지 있다. 주화를 처음 발행한 것은 아테네 도시 국가가 아니다. 기록상으로는 기원전 700년경 지금의 터키 지역인 리디아(Lydia)에서 최초로 주조됐다고 한다. 당시 리디아는 페르시아와 그리스 사이에 자리 잡고 있어서 외부와의 거래가 빈번한 탓에 주화에 대한 필요성이 컸다.

주화가 화폐로 널리 보급되면서 사람들이 생각하는 부의 성격도 변하기 시작했다. 이전까지 부의 척도는 토지, 곡물, 노예, 가축 등이었다. 이제는 화폐를 얼마나 많이 확보하고 있는지가 중요해졌다. 본격적인 화폐 경제 시대가 열린 것이다. 그런데 각 도시 국가가 독자적으로 주화를 발행한 탓에 명칭, 순도, 중량이 제각각일 수밖에 없었다. 자연스럽게 주화 사이의 교환 비율을 평가하는 환전업이 태동했다. 오늘날 용어로 환율 개념이 도입되고 환전 업무가 시작된 것이다.

한편 아테네에서는 신전을 중심으로 은행업이 생겨났다. 시민의 주화를 기탁받은 신전은 그것을 그대로 보유하지 않고 필요한 도시에 빌려주었다. 기록에 의하면 기원전 375년 델로스(Delos) 신전은 13개의 도시에 돈을 빌려주었다고 한다.

| 분업 |

# 생산량 증가에 따른
# 직업의 탄생

⊏ 창세기 속 분업 ⊐

잠시 구약성경 창세기 속 이야기를 살펴보자.

아담과 이브는 두 아들을 낳았다. 카인과 아벨이다. 이들은 인간이 낳은 최초의 사람이다. 그런데 인간에게서 태어난 최초의 사람 이야기는 결코 낭만적이거나 아름답지 못하다. 오히려 그 정반대다. 카인은 동생 아벨을 죽여 최초의 살인을 저질렀다.

여기에서 살인 이야기를 할 생각은 전혀 없다. 카인과 아벨이 했던 일에 주목하자. 형 카인은 농부였고 동생 아벨은 양치기였다. 성경 속에 드러난 인간 최초의 직업이다. 사람이 직업을 가졌다는 말은 분업에 기초해 경제생활을 했음을 의미한다. 한 사람이 모든 일을 다 하지 않고 한 가지 일에 특화해 전담하는 분야가 직업이다.

　한곳에 정착해서 생활하던 인간은 부족이나 마을 전체에 이익이 되는 방법을 추구했다. 각자 더 잘할 수 있는 일을 분담해 맡으면 같은 시간을 노동하더라도 생산량이 더 많아진다는 사실을 깨달았다. 그리스 철학자 크세노폰은 분업의 배경을 다음과 같이 서술했다.

> "작은 마을에서는 한 사람의 일꾼이 의자를 만들고 문, 쟁기, 탁자도 만들어야 하겠지만, 그가 이 모든 활동에 숙련될 수는 없다. 그러나 큰 도시에서는 수요가 충분히 크므로 사람들이 각자의 일에 전문적일 수 있고 더 효율적일 수 있다."
> "분업은 부엌에서도 실행될 수 있다. 이 부엌에서 마련된 어떤 음식도 한 사람이 모든 일을 수행해야 하는 작은 부엌에서 마련된 음식보다는 낫다."

　흔히 분업이 근대화 과정에서 발생했다고 오해하기 쉽지만 그렇지 않음을 알 수 있다. 근대화 산업 사회에서 분업이 보다 체계적으로 촉진된 것은 사실이지만, 분업의 역사는 상상을 초월할 정도로 오래됐다.

# ⊏ 분업의 양면성 ⊐

분업은 동전의 양면성을 지닌다. 생산성이 높아지면서 인간의 생활은 한층 풍족해지고 편리해졌지만 동시에 다툼의 원인을 제공하기도 했다. 예를 들어 옥수수와 양고기를 나눌 때 모두가 공평한 몫을 갖는 것이 옳은지에 대해 따졌다. 쉬지 않고 열심히 일한 사람과 게으름을 피운 사람, 능력이 더 뛰어난 사람과 그렇지 못한 사람을 구분해야 하는지에 대해서 논쟁이 벌어졌다.

분업으로 인한 생산량 증가는 새로운 직업의 탄생을 촉진했다. 굶주림에서 벗어나게 되자, 농사나 사냥을 하지 않는 사람들이 생겨났다. 그렇다고 마냥 놀기만 할 수는 없는 노릇. 사람들은 나름대로 다양한 직업을 만들어내기 시작했다. 상대적으로 힘이 센 사람은 군인이 돼 마을 사람들을 지켜줬다. 그림을 잘 그리는 사람은 예술가가, 말을 잘하거나 별자리를 볼 줄 아는 사람은 점성술사가 됐다. 이 외에도 철학자, 성직자, 관리 같은 직업도 생겨났다.

이들은 의식주를 직접 생산하지는 않았지만 농민과 사냥꾼의 생산 활동을 간접적으로 지원해줬다. 오늘날의 서비스업에 해당하는 직업이 생겨난 것이다. 이들 덕분에 과학과 예술도 발달하기 시작했다.

농사가 잘되고 교역이 활발해지면서 그 물건을 빼앗으려는 도둑도 등장했다. 피해를 방지하려고 자체적으로 경비를 세워 지켜보기도 했지만 "열 사람이 도둑 하나를 잡지 못한다"는 옛말도 있듯이 효과가 크지 않았다.

사람들이 내놓은 합리적 선택은 왕이었다. 사람들은 스스로 왕의 지배를 선택했다. 왕은 자신의 군사와 관리를 보유하면서 농부, 상인, 수공업자들이 열심히 생산하고 일해서 번 재물을 보호해주는 역할을 맡았다.

그런데 왕과 도둑은 공통점이 하나 있다. 모두 다른 사람이 열심히 일해서 번 돈을 빼앗는다. 그럼에도 불구하고 사람들은 왜 도둑보다는 왕을 선택했을까?

도둑은 상대방의 사정에는 전혀 관심을 두지 않는다. 최대한 많은 것을 훔치는 것이 목적이다. 어쩌다 도둑을 맞으면 평생 모은 재산을 잃어버리기도 한다. 그러나 왕은 그렇지 않다. 정해진 세금만 내면 더 이상 사람들을 괴롭히지 않는다. 세금은 도둑을 잡아주고 자신들을 보호해주는 대가다. 도둑에게 빼앗기는 돈보다 왕에게 세금으로 내는 돈이 적었으므로 왕의 지배를 선택한 사람들의 판단은 합리적이었다.

한때 우리나라에서는 조직폭력배가 시장 상인들을 보호해준다는 명목으로 돈을 뜯어가는 일이 비일비재한 적이 있었다. 명백한 불법 행위이므로 근절돼야 마땅했지만, 경찰력이 충분히 미치지 못했던 시절의 이야기다. 당시 상인들 입장에서는 차라리 조직폭력배에게 정기적으로 돈을 주는 대신 안정적으로 장사할 수 있도록 보호를 받는 편이 나았다. 수시로 나타나 돈을 빼앗거나 물건을 훔쳐가는 도둑들이 주는 피해보다 적다고 판단한 것이다.

## ⊏ 문자와 경제생활 ⊐

문자와 경제생활은 별다른 관계가 없어 보이지만, 문자가 경제생활에 기여한 영향은 지대하다. 왕은 농민이나 상인이 내는 세금으로 살았으므로 누가 언제 얼마의 세금을 냈는지를 정확하게 기록할 필요가 있었다. 모든 것을 기억력에 의존하는 데에도 한계가 있는 법이다. 왕에게 바치는 세금 납부 실적을 문자로 기록하자 한층 편해지고 오래 보존할 수 있게 돼 문자 사용이 급속히 퍼졌다.

문자 발명의 혜택은 상업이나 상인이 가장 크게 누렸다. 상인들은 늘 새로운 사람들을 상대로 물건을 거래했다. 현장에서 물건을 맞교환하는 현물 거래도 있었지만 미래에 주고받을 물건과 시기와 조건 등을 약속하는 복잡한 거래도 있었다. 이와 같은 내용을 기록해놓으려면 문자가 필요했다.

문자 덕분에 상인들은 계약서도 작성할 수 있었다. 계약서라는 합의를 통해 상인들은 친분이 없는 사람과도 거래할 수 있었으며 거래 당사자는 계약서 내용을 충실히 지켜야 하는 의무를 지녔다. 의도적이든 불가피한 사유에서든 계약서 내용을 지키지 못하는 사람도 생겨났다. 계약 내용을 지키지 못한 사람들에게 처벌이나 불이익을 주지 않으면 계약 상대방이 피해를 입는다. 이러한 계약을 지키도록 감시하는 역할은 왕이나 관리의 몫이었다. 문자와 계약서 그리고 계약서 내용의 충실한 이행 등이 시너지 효과를 발휘한 덕분에 고대 상업과 경제는 성큼 도약할 수 있었다.

## ⊏ 경제 문제를 고민한 철학자들 ⊐

크세노폰은 자신의 책 《오이코노미코스》에 토지를 효율적으로 관리하기 위한 방법들을 담아냈다. 물론 오늘날과 같은 체계적인 경제 분석은 아니었다. 예를 들어 지도자는 유식해야 하며 토지 관리를 위해 창고를 갖춰야 한다는 등을 권하는 수준이었다.

동시대를 살았던 플라톤(Platon, 기원전 428?~348?)은 사회의 효율적 조직에 대해 많은 관심을 두었다. 효율성은 생산 과정에서 인간의 노동과 밀접한 관계가 있다고 본 플라톤은 사람들이 각자의 천부적인 소질에 맞춰 활동에 특화하고 그에 맞는 훈련을 받으면 효율성이 높아진다고 믿었다. 그리고 소비재는 시장에서 거래할 수 있지만 재산을 거래하는 일은 적절하지 않다고 말했다.

이들에 비하면 플라톤의 제자 아리스토텔레스(Aristotle, 기원전

384~322)의 학문 영역은 매우 포괄적이었다. 그는 논리학, 수사학, 윤리학은 물론 물리학, 형이상학, 생물학, 동물학에 이르기까지 다양한 주제의 책을 저술했다. 우리는 그를 그냥 철학자로 부른다.

경제학의 관점에서 볼 때 그는 경제학자로 불릴 자격이 충분했다. 물론 고대의 경제학은 지금 관점에서 보면 윤리학에 가까웠다. 근면, 장사, 돈, 이익, 가치 등의 본질이 무엇인지에 대한 담론이 주된 내용이었던 탓에 윤리에 관심이 많았던 아리스토텔레스가 경제 현상을 언급하지 않았다면 오히려 그것이 더 이상했을 것이다.


## ⊂ 자연적 교환과 비자연적 교환 ⊃

누군가 어떤 물건을 많이 갖고 있고 누군가 적게 갖고 있으면 교환(거래)이 일어나는 것이 매우 자연스러운 현상이다. 아리스토텔레스는 교환을 여러 종류로 구분했다.

첫 번째 형태의 교환은 화폐를 사용하지 않는 물물교환(barter)이다. 사람들의 수요를 충족시킨다는 점에서 물물교환은 자연적(natural)이다. 하지만 잉여물을 갖고 있는 가계와 부족한 가계가 쉽게 연결되지 않으므로 물물교환만으로는 교환이 충분하게 이루어지지 않는다고 봤다.

그가 생각한 두 번째 형태의 교환은 화폐를 수반하는 거래다. 서로 다른 물질로 만들어진 두 개의 물건을 공정하게 교환하려면 비교 가능한 공동 척도가 필요하다. 화폐가 바로 그 역할을 한다고 생각했다. 오늘날 경제학 서적에서 찾을 수 있는 화폐의 세 가지 기능 가운데 교환의 매개체 및 회계의 단위 기능을 뜻한다.

세 번째 형태의 교환은 사람들이 이윤을 얻으려고 행하는 소매업(retail trade)이다. 소매업은 필요한 것을 얻으려는, 즉 소비하려는 목적이 아니라 돈을 벌려는 목적을 지닌다. 아리스토텔레스는 이를 자연적이지 않다고 생각했다. 더 많은 부를 얻으려는 사람들의 욕망을 억제할 수 있는 자연적 조건이란 존재하지 않으므로 소매업은 부에 대한 무한한 욕망으로 이어질 것이라고 경고했다.

마지막으로 아리스토텔레스는 고리대금업에도 주목했다. 고리대금업은 돈으로 돈을 버는 행위다. 따라서 돈을 버는 활동에 참가하는 사람들 가운데 고리대금업자들이 가장 비자연적인 사람이라고 비판하며, 이자를 위해 돈을 빌려주는 행위를 저주했다.

교환에 대한 아리스토텔레스의 관점을 보면 그가 부의 축적을 좋지 않게 보았음을 알 수 있다. 또 돈을 버는 삶은 충동적이며, 부는 인간이 추구하는 선이 아니라 단지 삶에 유용할 뿐이라고 생각했다. 부의 축적은 오직 가계와 도시 국가의 유지에 반드시 필요한 목적에 한해서만 용인했을 뿐이다.

비단 아리스토텔레스만이 아니라 당시 시대의 보편적인 인식이 부의 축적이나 영리를 목적으로 하는 상업을 탐탁지 않게 여겼다. 그리스 신화 속 헤르메스는 상업을 주관하는 신이면서 도둑과 거짓말쟁이의 신이기도 하다. 이는 결코 우연이 아니다. 당시 사람들의 상업에 대한 가치관이 반영된 것으로 볼 수 있다.

이처럼 아리스토텔레스는 경제 현상의 다양한 측면을 분석하고 자신의 의견을 제시했다. 하지만 그는 시장에서의 다양한 경제 행위가 사회 질서와 조화롭게 어울릴 수 있음을 인지하지 못했다. 이자가 생산적인 곳에 돈을 사용한 대가라는 사실을 이해하는 데에도 실패했다. 하지만 경제에 대한 그의 직관은 훗날 경제 사상의 발전에 중대한 영향을 미치기에 충분했다.

문명의 수레바퀴를 돌린 것은 돈이었다

# 철저히 계산기를 두드리며
# 쌓아 올린 국가

⊏ 전쟁은 남는 장사 ⊐

도시 국가로 시작한 로마는 기원전 4세기경부터 본격적으로 영토 확장에 나섰다. 기원전 31년에 통일을 이룩한 로마는 2세기 동안 전성기를 누렸다. 정복을 통해 역사적으로 유일무이하게 지중해 지역 전체를 다스리는 제국을 이룩했다. 그렇지만 계속된 정복과 전쟁은 결코 공짜가 아니었다. 로마는 전쟁과 제국 유지를 위해 막대한 비용을 충당해야 했다.

우선 막강한 군대를 유지하기 위한 비용이 필요했다. 많은 군인이 필요해지자 로마는 빈민들에게 동원령을 내리고 무기 지급은 물론이고 동원 기간에 대해 보수를 지급했다. 군인이 부족해지자 보수와 상여금뿐만 아니라 토지까지 지급하기에 이르렀다. 인적 손실도 무시하지 못할 비용이었다. 전투에서 희생된 많은 인명 손실로 인해 생산에서의 노동력 손실이 막대했다. 정복지를 지키고 관리하는 데 들어가는 유지비용도 엄청났다.

그럼에도 불구하고 로마가 지속적인 정복 전쟁으로 얻은 편익은 비용보다 훨씬 더 컸다. 실제로 로마의 번영은 정복 전쟁 덕분이라고 말해도 크게 틀리지 않다. 로마가 얻은 첫 번째 편익은 각종 전리품이다. 정복지의 지배 계층으로부터 귀금속, 보석, 말, 가축 등을 챙길 수 있었다. 로마는 점령지에서 수확물의 10분의 1을 확보했으며, 인두세와 거래세 명목으로 많은 세금도 징수했다. 정복지로부터 거둬들인 세금은 로마 재정 수입의 중요한 원천이 됐다.

토지와 재산 수탈도 로마가 얻은 편익이다. 정복지 지배 계층이 소유했던 토지, 광산, 선박, 기업 등을 빼앗고 거기에서 발생하는 수익도 착취했다. 로마의 빈민들을 정복지에 이주시켜 정복지 방어는 물론이고 로마로 조세를 납부하는 역할을 맡겼다.

마지막으로 로마는 전쟁 포로도 확보할 수 있었다. 정복지의 포로들을 대거 노예로 만들었다. 한 연구에 의하면 기원전 225년 이탈리아에는 440만 명의 자유민과 60만 명의 노예가 있었다고 한다. 200년 후 자유민의 수는 450만 명으로 거의 변화가 없었던 반면, 노예는 무려 300만 명이나 됐다고 한다. 노예의 수가 5배나 증가한 것이다. 이들 노예는 로마의 경제를 지탱해줬고 전쟁 물자를 생산하고 공급해주는 중요한 역할을 수행했다.

# ⊂ 화려하게 성장한 로마의 상업 ⊃

로마는 광대한 영토를 통치하고 물자를 원활하게 수송하기 위해서 구석구석 포장도로를 건설했다. 이 도로는 독일 남서부 지역까지 이어졌다. 또 화폐 제도도 정비해 전체 제국에 걸쳐 유통할 수 있는 통일 화폐를 발행했다. 로마 제국의 대표 화폐는 은화 데나리우스(Denarius)였으며, 솔리두스(Solidus)라는 금화도 주조했다. 신약성경을 보면 데나리온이라는 화폐가 등장한다. 이는 데나리우스의 헬라어 표기이며 둘은 같은 화폐다.

도로 건설과 화폐 제도의 정비 등에 힘입어 로마의 상업은 빠르게 성장할 수 있었다. 상업 발전에는 로마 제국 전체에 걸친 평화와 치안 유지가 크게 도움이 됐다. 원거리 무역이 보다 용이해졌을 뿐만 아니라 안정적으로 이루어질 수 있었다.

유럽과 아시아를 잇는 네트워크, 즉 로마와 중국의 한나라를 연결하는 무역망은 당시 세계 경제의 중요한 교역로였다. 고대의 상업자본주의라고 불릴 정도로 로마 전성기의 상업은 화려했다. 당시의 한 연설가는 로마 제국의 상업을 다음 같이 칭송했다.

"바다를 둘러싸고 있는 대륙(지중해를 둘러싸고 있는 아프리카, 아시아, 유럽을 말함)이 자기 지역의 생산물을 공급해준다. 모든 땅과 바다로부터 온갖 곡물과 농산물 그리고 생산품들이 모인다. 여기로 오는 상선이 많아 이 도시는 마치 온 세상을 한꺼번에 관장하는 곳처럼 느껴진다. 선박들은 끊임없이 도착하고 출발한다."

## ⊂ 달도 차면 기운다 ⊃

교역의 중심지로서 로마에는 수많은 상품이 수입됐지만 자체적으로 뚜렷한 생산 기반이 없었던 탓에 로마의 성장에는 한계가 있었다. 상품을 수출하지 못하고 수입품에 대한 대가로 금화를 지급한 결과 로마 경제는 취약해졌다. 로마의 화려한 번영 뒤에 숨은 그림자가 서서히 모습을 드러낸 것이다.

대량의 곡물 수입도 로마 경제를 압박하는 요인이었다. 정복지로부터 곡물이 대량 유입되자 경쟁력이 약했던 로마의 농업이 타격을 받았다. 또한 전쟁 비용을 충당하기 위해 부과된 세금 덕분에 농민은 몰락하기 시작했다. 설상가상으로 전염병까지 퍼지면서 로마는 인구의 4분의 1이 감소하는 충격을 받기도 했다.

로마는 여러 차례의 개혁을 통해 경제력 회복과 제국의 혼란을 수습하려고 시도했지만 무위로 돌아갔다. 농업과 국방에 도움을 주고자 게르만 민족의 이주 허용 정책을 펼쳤지만, 결과적으로 476년 게르만 민족의 대이동을 유발하는 계기가 됐다. 로마 제국이 분열되고 멸망에 이르는 직접적 원인을 제공하는 꼴이 됐다. 하지만 본질적으로는 인구와 노예의 감소, 과도한 세금, 상업 쇠퇴, 화폐 남발과 인플레이션 같은 경제 문제들이 로마 붕괴의 단초를

문명의 수레바퀴를 돌린 것은 돈이었다

제공한 것으로 봐야 한다.

한편 자연주의적 경향이 강한 게르만 민족이 지배하면서 로마의 융성했던 상공업과 화폐 경제는 쇠퇴하기 시작했다. 지중해와 유럽에서 번창했던 상업과 무역도 대부분 중단됐다. 로마 화폐도 더 이상 사용되지 않았으며 실물 거래가 재현됐다.

그런 이유로 9~10세기는 이른바 '암흑시대' 또는 '자연경제 시대'로 불린다. 경제는 자급자족 형태로 회귀했으며, 거래는 일시적으로 또는 간헐적으로 이루어지는 수준이었다. 상업과 거래를 전문적으로 하는 상인이 존재하지 않는 시기가 다시 시작된 것이다. 교회 역시 상업을 통한 부의 축적을 탐욕이라고 비난하면서 상업 활동에 찬물을 끼얹었었다.


## ⊂ 노예 부족이 로마 멸망으로 ⊃


노동은 토지와 자본과 함께 3대 생산 요소 가운데 하나다. 즉, 생산 활동에 없어서는 안 될 중요한 요소가 노동이라는 의미다. 이와 같은 경제학적 역할이 아니더라도 노동을 하지 않는 개인은 존재 의미가 없을 만큼 노동은 인간에게 특별한 의미를 지닌다. 심지어 정신 건강을 위해서도 노동이 필요하다. 아무리 돈이 많은 사람이라도 적당히 노동을 하는 것이 바람직하다는 것이 정설이다.

고대 경제에서는 노동에 대한 시각이 딴판이었다. 당시 사람들,

특히 귀족들은 노동을 천시했다. 아무래도 육체를 써야 하는 노동은 힘들었기 때문일 것이다. 노동은 오로지 노예의 몫으로 여겨졌다. 힘든 육체노동은 노예에게 전담시켰고, 귀족과 자유 시민은 학문이나 예술 같은 정신노동에 종사했다. 물론 그 덕분에 그리스나 로마의 문화가 비교적 빠르게 발달할 수 있었다. 역사적 아이러니가 아닐 수 없다.

노동을 천시했던 귀족에게 노예는 필수불가결한 존재였다. 생산 활동의 주역인 노예 없이는 농작물을 비롯해 아무것도 생산할 수 없었다. 그런 노예를 얻을 수 있는 소중한 기회가 곧 전쟁이었다. 침략한 영토에서 포로들을 붙잡아 노예로 삼았으며 시장에서 노예를 거래했다. 로마의 일반 시민들도 노예를 부렸다.

하지만 노예는 열악한 환경에서 노동력을 착취당해야만 했다. 로마 말기에 노예 반란이 빈번하게 일어난 것도 이러한 처우 때문이다. 검투사 출신으로 로마인의 쾌락을 위해 목숨 걸고 싸우다가 반란의 우두머리가 된 스파르타쿠스 역시 노예였다.

역사학자들은 로마 경제가 노예, 상업, 전쟁이라는 3개의 순환 고리를 매개로 발전했다고 평가한다. 전쟁과 노예의 역할이 로마제국에 얼마나 중요했는지를 보여준다. 바꿔 말하면 3개 중 하나라도 문제가 생기면 로마 제국을 지탱하기 어려웠다는 뜻으로도 해석할 수 있다. 실제로 노동을 노예에 의존했던 로마는 정복을 통한 노예 조달이 힘들어지자 결국 멸망의 길로 접어들었다.

시간이 흘러 사람들은 노예에만 의존하는 노동의 한계를 인식하기 시작했다. 노동의 진정한 의미를 되새기는 혁신적인 생각들도 나타났다. "노동은 노예만 할 일이 아니라 그리스도 안에서 우리 모두는 똑같이 일하며 주님을 모셔야 한다"는 철학도 등장했다.

만약 노동에 대한 사고의 전환이 없었거나 그런 전환이 있었더라도 더뎠다면 세계 경제는 지금보다 한참 뒤처져 있을 것이다. 노예만으로는 급증하는 노동 수요를 충당하기에 역부족이었을 테고 경제 성장 속도도 분명히 한참 더뎠을 것이다.

# 유럽에서 아시아로, 돈이 흐르는 길

## ⊏ 향신료 천국 인도 ⊐

유럽 지역에서 로마 제국이 흥망성쇠를 겪는 동안 아시아 지역에서도 경제와 문명이 발전하고 있었다. 4세기 초에 굽타 왕조가 세워진 인도에서는 힌두교가 불교를 몰아내고 세력을 확장했다.

인도의 번영은 농업에 기반하고 있었다. 몬순 지대에 위치해 벼 재배를 통해 많은 인구를 부양할 식량을 생산할 수 있었던 덕분이다. 인도는 벼농사를 위해 수리 시설과 관개 시설을 구축했다. 덕분에 다른 작물의 재배 생산성도 높아졌다. 특히 면화 생산과 면직물 산업이 발달했으며, 특히 후추나 계피 같은 향신료는 인도의 수출 작물로 매우 중요한 역할을 했다.

인도 상인들은 연안을 통과하는 각종 무역에서 주도권을 잡고 있었다. 불교와 힌두교도 이 교역로를 따라서 동남아시아 지역으로 전파됐다.

## ⊂ 중국의 중농억상 정책 ⊃

중국에서는 진나라가 혼란했던 전국 시대를 최초로 통일하는 데 성공했다. 기원전 221년의 일이다. 진나라의 역사는 20년 정도에 불과할 정도로 매우 짧았지만 법치주의에 입각해서 개혁과 통치를 시도함으로써 중국의 경제 발전을 위한 기반을 다졌다는 평가를 받는다.

진시황(기원전 259~210)은 넓은 영토를 지배하려고 강력한 중앙 집권제를 채택했다. 덕분에 군대 유지와 공공사업에 필요한 인력을 대규모로 동원할 수 있었다. 풍부한 노동력을 바탕으로 전국을 체계적으로 연결하는 도로망을 구축했으며 북방족 침입을 막기 위해 만리장성을 개축하기도 했다.

진시황은 경제 활동의 편리를 도모하기 위해 한자와 도량형을 표준화했다. 심지어 수레바퀴의 폭까지도 통일시켰다. 원형 가운데에 사각형 구멍을 뚫은 화폐도 이때 도입됐다. 화폐의 모양은 오랫동안 중국 화폐의 표준 모형이 됐다. 건원중보를 비롯한 우리나라의 화폐도 같은 모양으로 주조됐다.

진나라의 뒤를 이은 한나라는 경제와 문화를 더욱 발전시켰다. 농사에 쓰이는 쟁기를 개량하고 소를 이용하는 농사 기법을 보급시킴으로써 중국의 곡물 생산은 크게 증가했다. 벽돌로 만든 우물을 보급해 농업용수를 확보했으며 이랑과 고랑을 설치하고 해마다 교대하는 농경 방법을 정부 주도로 보급했다.

한나라는 흉노족 토벌을 위해 대규모 군대를 투입하느라 재정난을 겪었다. 이에 소금, 철, 술 같은 핵심 물자의 판매권을 민간으로부터 빼앗아 국가가 독점해버렸다. 정부는 이들 물건을 고가에 판매해 나라의 곳간을 채웠다.

곡물 가격이 쌀 때 국가가 대량으로 매수했다가 가격이 오르면 내다 파는 평준법(平準法)도 한나라 때 시행됐다. 역사가 사마천(기원전 145~86?)은 《사기》(史記)의 '평준서' 편에서 균수(均輸)와 평준 정책에 대해 다음과 같이 기술했다.

"농업을 관장하는 부서의 관리는 천하의 화물을 모두 장악해 값이 오르면 팔고, 값이 떨어지면 사들인다. 이렇게 하면 돈 많은 상인이 큰 이익을 얻을 수 있는 방법이 없어져 농업으로 돌아가게 되며 모든 물건은 가격이 뛰어오르지 않을 것이다. 이런 방법으로 천하의 물가를 억제하는 것을 평준이라 했다. 천자는 이 제안을 옳다고 여기고 그렇게 하도록 했다."

한나라의 균수와 평준은 수요와 공급의 원리를 활용해 물가를

문명의 수레바퀴를 돌린 것은 돈이었다

안정시키는 정책이었다. 그러나 시장에서의 수요와 공급과 경제 주체의 자유 의지에 의해 물가 안정을 이룬 것이 아니라 국가가 시장 개입과 매점매석을 통해 추구했다는 비판을 받는다. 오히려 시장 기능을 교란하고 개인의 정당한 상업 활동을 억제했다는 비판이다.

실제로 국가에 의한 시장 통제로 인해 많은 부작용이 나타났다. 정부가 독점 판매권을 소유하고 시장에서 비싼 값에 소금이나 철을 판매하자 서민들의 삶이 어려워졌고 암시장이 성행했다. 상인들이 시장에서 물건을 자유롭게 사고팔 수 없게 되면서 오히려 생활고에 시달리는 사람들이 많아졌고 경제가 어려워졌다.

한나라는 기본적으로 농민에게는 세금을 경감해주는 대신 상인에게는 무거운 세금을 부과했다. 이러한 정책에는 상업을 경시하는 '중농억상' 사상이 깔려 있었다. 상업이 인간의 탐욕을 자극하고 농업에 피해를 준다는 유가 사상의 영향을 받은 것이다.

## ⊏ 비단이 거래되던 길 ⊐

이 시기 중국에서 시작해 중앙아시아를 거쳐 지중해 동쪽까지 무려 1만 2000킬로미터에 이르는 교역로가 개설됐다. 동쪽에 위치한 중국과 서쪽에 위치한 유럽을 잇는다는 뜻에서 동서 교역로라 불린다. 우리에게는 로마인들이 좋아하는 비단이 거래되던 길이라는

실크로드

- - - 육상
—— 해상

고비 사막

흑해
지중해

사마르 칸트
소륵
파미르 고원
파르티아 제국
(안식국)
천축국
(인도)

안서
둔왕
장안 낙양

아라비아
메디나
이집트
메카

파탈리 푸트라

반우

일남

태평양

인도양

벵골 만

출처: 송병건, 〈그림 속 경제사〉

의미에서 붙은 별칭인 실크로드(Silk Road)로 더 유명하다. 육로뿐
만 아니라 중국 남해부터 지중해를 연결하는 해상 실크로드도 있
었다.

　로마에서 비단의 인기가 높아지자 중국은 교역을 활성화하기
위해 실크로드를 철저하게 관리했다. 육상 실크로드의 출발점인
시안(옛 이름은 장안)은 당나라 때에는 인구가 100만 명에 이를 정
도였으며, 외지에서 온 상인, 승려, 유학생으로 붐빌 만큼 유명한
국제도시였다.

　실크로드라고 해서 비단만 거래되지는 않았다. 중국의 앞선 문
명과 과학의 창조물인 종이, 화약, 나침반 같은 신문물이 유럽으로

문명의 수레바퀴를 돌린 것은 돈이었다

전해진 통로이기도 했다. 불교, 이슬람교 같은 종교도 이 길을 따라 전파됐다. 동시에 금, 말, 상아, 포도 같은 물건들이 유럽에서 중국으로 유입됐다.

한마디로 실크로드는 동서 문명의 장벽을 허물고 문화가 유통되는 통로였다. 보다 정확하게 말하면 중국의 앞선 문화와 과학기술이 유럽에 소개된 길이었다. 이를 기반으로 유럽은 급속히 성장할 수 있었으며 결국 시간이 지나 중국을 추월하기에 이르렀다.

한편 14세기 원나라가 패망하면서 실크로드는 쇠락하기 시작했다. 효율적인 교역에 더 적합한 바닷길이 새롭게 속속 열리고 중국 경제마저 쇠퇴하면서 역사의 뒤안길로 사라진 것이다. 현재 중국은 과거의 영화를 재현하기 위해 신 실크로드를 구축하고 있다. 육상과 해상 실크로드를 결합해 거대한 경제권인 '일대일로'를 만들겠다는 야망의 일환이다.

# II

## 혼란의 시대,
## 돈이 선택할 곳에 가 있던 사람들

| 봉건제 |

# 권력이 사람을 통제하고, 사람은 돈을 통제하다

## ⊂ 효율적 통치를 위하여 ⊃

약 1000년 정도 지속된 유럽의 중세 사회는 한마디로 말해 봉건제 (feudalism)와 길드(guild)로 압축할 수 있다. 봉건제나 길드가 무엇 이며 왜 생겨났을까?

로마 제국이 멸망한 후 유럽 사회는 혼란에 빠졌으며 외부로부 터 끊임없이 위협을 받았다. 왕은 광활한 토지를 효과적으로 통치 하고 치안을 안정적으로 유지할 수 있는 방법을 끊임없이 고민했 다. 지금처럼 통신이나 교통이 발달하지 않은 시기에 모든 영토를 직접 통치하는 일은 불가능에 가까웠다. 언제 어디에서 외세가 침 략할지 몰랐다. 이런 필요성에 부응해 봉건제가 탄생했다.

봉건제는 중국에서 먼저 시작됐다. 왕은 수도를 비롯한 일부 요충지만 직접 통치하고, 제후로 임명한 왕족이나 공신들이 다른 지역을 다스리게 했다. 이것이 중국의 봉건제였다. 수십 개의 계열사를 보유하고 있는 대기업의 회장이 모든 계열사를 직접 경영하는 대신 계열사마다 믿을 만한 사장을 임명해 회사를 경영하게 하는 방식과 기본적으로 다를 바 없다. 한편 중국은 충성심을 유지하고 배신을 막기 위해서 혈연관계를 맺었다.

유럽의 봉건제는 위탁 분리 통치라는 구조 측면에서는 중국의 봉건제와 같지만 혈연관계에 의존하지 않고 상호 의무를 부담하는 쌍무 계약에 의존했다는 중요한 차이가 있다. 왕 또는 주군은 충성과 복종을 약속한 가신들에게 보유하고 있는 장원(manor)을 나누어주고 다스리게 했다. 왕이나 주군은 언제든지 장원을 회수할 수 있었다.

장원은 왕이 가신들에게 나누어준 땅이라고 보면 된다. 장원 안에는 가신이 거주하는 성이 있고 주변에 교회, 농노의 집, 농지, 목초지, 제분소, 제빵소, 창고 등 생활에 필요한 각종 기본 시설들이 구비돼 있었다. 한마디로 장원은 중세 유럽에 존재했던 자급자족 경제 단위였다.

각 장원을 통치하는 가신이 영주다. 영주는 장원을 나누어준 왕이나 주군에게 충성과 복종을 약속했고 전쟁이 나면 왕을 위해 전장에 나가 싸웠다. 영주는 단순히 토지만 받은 것이 아니라 장원에 대한 과세권이나 사법권 등 공권력도 함께 양도받았다. 영주가 해당 토지를 자신의 의지대로 지배할 수 있었다는 뜻이다. 그래서 왕은 영주의 토지에 대해서 직접 조세를 징수할 수 없었으며 행정권도 발휘할 수 없었다. 영주는 토지를 다시 하급 영주에게 재분할하는 식으로 분화하면서 피라미드식 서열이 형성됐다.

## ⊏ 장원에서는 영주가 왕 ⊐

중세 시대의 경제 활동은 기본적으로 장원 내에서 이루어졌다. 영주는 장원을 경영하며 자신의 세상을 유지하고 통치했다.

장원은 영주가 직접 경영하는 땅인 직영지와 농노가 경작하는 보유지로 나뉜다. 직영지라고 해도 영주가 직접 경작하지는 않았으며 농노들의 부역 노동에 의존했다. 농노는 영주를 위해서 일반적으로 일주일에 2~3일, 심할 때는 더 많이 노동력을 제공했다. 이 부역에는 아무런 대가가 따르지 않았다.

농노는 직영지에서 부역을 하고 남은 시간을 이용해 자신의 보유지를 경작했다. 보유지에서 생산하는 작물을 가지고 농노는 자신과 가족을 부양했다. 유럽의 토질이 일반적으로 척박하고 생산량의 절반 정도를 영주에게 지대로 지불한 탓에 농노의 생활 수준은 형편없었다.

영주는 농노에게 토지 경작 이외에도 온갖 부역 노동을 무상으로 요구했다. 각종 시설의 수리와 보수, 담장 건축, 도로나 교량 건설, 심지어 영주의 사적 심부름 등을 위해 농노는 수시로 부역을 제공해야 했다. 농노는 각종 세금도 부담해야 했다. 농노가 결혼해서 다른 장원으로 이동하려면 영주의 허가를 받고 혼인세를 내야 했으며 영주의 허락 없이 토지를 획득하거나 처분할 수 없었다. 농노가 사망하면 농노의 보유지는 영주에게 귀속되거나 농노의 후손이 상속세를 내고 이어받았다. 농노는 하천의 교량을 통과할 때 통행세를, 한 가구당 또는 가족 수에 따라 인두세(poll tax, head tax)를 냈다. 그 외에도 사망세, 십일조, 각종 허가료 등 농노들이 부담했던 세금은 이루 나열하기 힘들 정도였다.

영주는 이 밖에도 물레방아, 양조장 등의 기반 시설을 갖추고 농노에게 사용하도록 강요하고 시설 사용세를 거두었다. 예를 들어 영주의 물레방아가 아닌 다른 것을 사용한 사실이 적발되면 밀가루는 물론이고 운반했던 가축까지 몰수당했다.

## ⊂ 노예와는 다른 신분의 농노 ⊃

농노라는 신분은 중세 유럽의 특징 가운데 하나다. 당시 인구의 대부분을 차지하고 있을 만큼 수가 많았던 농노라는 신분 역시 경제적 당위성에 의해서 탄생했다.

농노는 거주 이전의 자유나 직업 변경의 자유 등이 없는 예속적 신분이었다. 그래도 고대의 노예보다는 나은 신분이었다. 노예는 '상품'처럼 거래가 됐지만 농노는 그렇지 않았다. 보유지에서 생산한 농산물의 일부를 자신이 소유할 수도 있었다. 노예는 아니지만, 그렇다고 해서 자유로운 농민도 아니라는 뜻에서 농노(serf)라고 불린 것이다. 농노가 노예보다는 상대적으로 나은 신분으로 상승할 수 있었던 경제적 당위성은 무엇일까? 사회적으로 노예에 대한 거부감과 인권 개념이 생기면서 진화된 현상일까? 그렇지 않다. 생산 요소로서 노동의 수요와 공급의 변화라는 경제 요인이 작용한 결과다.

중세 유럽은 빈번한 전쟁 등으로 인구 감소 문제가 심각했다. 농사를 지을 노동력은 더욱 희소해졌다. 영주들은 노동력을 확보하는 일이 매우 중요한 과제였으며, 노동력 확보 경쟁이 치열했다. 그런 덕분에 노동에 대한 초과 수요가 발생했고, 자연스럽게 노동력의 가치가 상승했다. 노동력을 제공하는 노예의 신분도 한 단계 격상되면서 농노가 됐다.

농노는 생산물의 일부를 자신이 취득할 수 있었으므로 스스로 생산량을 늘리려는 동기를 지녔다. 당연히 노예보다 농노의 생산성이 높아졌다. 인센티브 원리가 작동한 셈이다. 농노가 스스로 생산량을 늘리려 노력했으므로 영주는 굳이 농노를 철저하게 감독할 필요가 없었다. 노예보다 관리 노력과 비용을 절약할 수 있었으므로 영주에게도 농노가 유리했다.

시간이 흘러 인구가 증가하면서, 노동력의 희소성과 상대적 가치가 떨어지자 영주는 농노에게 노동을 요구하는 대신 토지에서 나오는 생산물을 요구하기 시작했다. 그리고 또 시간이 흐른 후에는 생산물 대신에 돈을 걷기 시작했다.

| 길드 |

# 독립적 생산자들의
# 위험한 경쟁과 공존

## ⊂ 도시의 공기는 달랐다 ⊃

11세기에 들어서자 유럽에서는 봉건 제도가 확립되고 인구가 꾸준하게 증가했다. 토지는 일정한데 인구가 급격하게 증가하자 이번에는 토지가 희소해졌다. 사람들은 토지를 효율적으로 사용하기 위해 다양한 방법으로 노력했다.

　윤작이 대표적인 방법이었다. 바퀴를 장착한 쟁기도 도입해 농업 생산성을 높이려 시도했다. 다양한 노력 덕분에 잉여 생산물이 생겨났고 이를 거래하는 경제 활동과 상업이 부활했다. 상업 거래를 전업으로 하는 상인들은 거래 편리성을 위해 가까이 모여 거주했고 자연스럽게 도시가 형성됐다. 인구 증가로 인해 토지를 경작하지 못하게 된 농민들도 도시로 이주해 상업에 종사하기 시작했다. 이런 식으로 중세 도시가 하나둘씩 형성됐다.

중세 도시는 농업 중심의 장원과는 전혀 다른 성격을 지닌 세상이었다. 고대의 도시와도 달랐다. 부를 축적한 중세 도시는 돈을 주고 영주로부터 자치권을 획득하거나 영주와 싸워서 자치권을 쟁취함으로써 영주의 통제로부터 벗어나는 데 성공했다. 독립된 시민 공동체로서 자치권을 행사할 수 있는 일종의 특권 지역이 형성된 셈이었다.

도시라고 해도 오늘날과 비할 바는 안 되지만 당시로서는 상당한 규모였다. 파리, 베네치아, 피렌체 같은 도시의 인구는 10만 명이 넘었으며, 런던이나 밀라노 인구는 5만 명 이상이었다. 하지만 대부분의 중세 도시는 인구 2만 명 이하의 수준이었다. 여전히 전체 인구의 90퍼센트가 농촌에 거주하고 있었다. 경제 구조 역시 농업 중심이어서 상공업 비중은 대단하지 않았다. 하지만 중세 도시는 상공업의 중심지로서 농촌과 뚜렷한 분업 관계를 형성했다. 그리고 중세 도시는 훗날 봉건제를 와해시키는 중요한 역할을 하기에 이른다.

지리적으로 도시는 상업 활동이 편리한 교역로를 따라서, 또는 교통의 요지에 자리 잡았다. 도시의 전제 조건으로 또 하나 중요한 것이 안전성이었다. 적으로부터 도시민을 안전하게 지켜줄 수 있는 성과 성곽이 필요했다. 하지만 성곽을 늘리는 일이 쉽지 않았으므로 중세 도시의 규모가 더 크게 확대되는 데 제약이 따랐다.

혼란의 시대, 돈이 선택할 곳에 가 있던 사람들

성(bourg) 안에는 귀족의 거처, 교회, 수도원, 창고, 시장 등의 시설이 있었으며 성안에 거주했던 도시민은 대부분 자산을 보유한 중산층이었다. 이들은 자부심을 갖고 있었고 성 밖의 사람들과 차별화되고 싶어 했다. 성안에 사는 사람들을 부르주아(bourgeois)라고 불렀다. 부르주아는 오늘날에는 재산이 있는 사람이나 자본가 계층을 뜻하는 용어로 쓰이고 있다. 자산이 없는 프롤레타리아와 대비되는 용어다.

## ⊂ 공동 이익을 위해 통제된 도시의 경제 활동 ⊃

도시의 성장은 수공업 발전의 계기가 됐다. 도시가 성장하기 전에는 수공업이라고 해봐야 농민이 농사 짓는 일에 필요한 도구를 스스로 생산하는 수준에 머물렀다. 자가 수요를 만족시키기 위한 수준이었다.

도시 규모가 커지고 인구가 증가하자 상황이 달라졌다. 수공업자가 정착해 전업으로 생산물을 만들어낼 수 있을 만큼의 충분한 고객이 도시 안에 존재했다. 독립적인 생산자로서 고객의 주문을 받아 생산하거나 구매자가 있을 것이라는 기대를 갖고 미리 제품을 생산하는 전업 수공업자들이 속속 생겨났다. 이들은 자신의 작업장을 소유하고 가족과 때로는 보조공을 거느리고 작업했으며 제품을 시장에서 판매했다. 이들 수공업자는 자본가이면서 노동자였으며, 생산자이자 판매자 역할을 병행했다.

겉으로는 오늘날의 시장 경제와 비슷한 모습으로 보이지만 그 속을 자세히 들여다보면 상당히 달랐다. 도시 당국은 수공업자들의 생산 활동을 철저하게 통제했다. 시민의 공동 이익을 우선시하는 정책에서 그 이유를 찾을 수 있다. 도시 당국의 입장에서 가장 중요한 문제는 각종 생필품과 생산에 필요한 원료 등을 안정적으로 확보하는 일이었다. 그래서 생필품이 특정인에 의해서 독점된다든지 자의적으로 가격이 인상돼 시민이 피해를 입는 일이 발생하지 않도록 통제 정책을 펼쳤다.

도시 당국은 모든 상품을 시장에서 공개 판매하도록 했으며 당국이 정한 공정 가격(just price)으로 거래하도록 가격을 통제했다. 공정 가격은 시장에서의 수요와 공급을 반영하는 가격이 아니라 공동체 구성원들이 경험을 통해서 대부분 '적정하다'고 생각하는 가격을 말한다. 필요 이상으로 매점하는 행위도 금지됐으며 타 지역의 상인은 소매 판매를 할 수 없었다.

상인이 이윤을 최대화하려는 취지로 가격을 결정한다는 생각은 당시 중세 도시에서는 있을 수 없는 일이었다. 상업이 크게 발달하기는 했어도 여전히 사람들의 시각이 상업에 우호적이지 않았던 탓도 있었을 것이다.

"상행위가 바람직하지는 않지만 불가피하게 사회적 역할을 수행해야 하는 필요악이다." 、

토마스 아퀴나스(Thomas Aquinas, 1225~1274)의 이러한 해석은 당시의 상업에 대한 인식을 잘 반영하고 있다. 상인은 이윤을 남기되 넘어서는 안 되는 일종의 사회적 한도를 지켜야 했던 것이다.

물론 이와 같은 통제가 쉽게 이루어질 리 없다. 더욱이 농촌 공동체와는 달리 도시는 다수의 이질적인 인구로 구성됐으며 인구 이동도 많아서 공동체 의식이 약했다. 이러한 한계를 극복하고 경제 활동을 효과적으로 통제하기 위한 수단으로 쓰인 것이 바로 길드였다.


⊏ 구성원의 이익 확보와 시장 통제 목적의 길드 ⊐

중세 유럽 도시의 대표적 특징인 길드는 상인들이 스스로의 이익과 권리를 보호하려고 조직한 일종의 조합이나 협회로 해석할 수 있다. 구성원을 보호하고 상업 거래에서의 권익을 확보해 상인 세력을 신장하려는 취지로 만들어진 임의적 단체였다.

상인들에 의해 만들어진 길드를 상인 길드(merchant guild)라고 부른다. 13세기에 도시가 더욱 성장하고 수공업이 발전하면서 수공업자들이 상인 길드에서 떨어져나와 자신들의 장인 길드를 별도로 결성했다. 제빵사, 직공, 염색공, 석공, 건축기사, 도장공, 대장장이, 비누제조공 등이 각각 독자적인 장인 길드를 조직했다. 이들 사이에서는 치열한 세력 다툼도 일어났다.

도시 당국은 생필품의 안정적 확보와 도시 소비자 보호라는 커다란 목표를 달성하기 위해 길드를 적극 활용하거나 직접 길드를 결성하기도 했다. 길드를 통해 시민의 경제 활동을 통제하고 공정한 가격을 유지하는 방법을 택한 것이다. 과세도 길드 단위로 이루어졌다. 그 대가로 도시 당국은 길드에 대해 해당 분야의 독점권을 부여했다. 길드에 소속되지 않은 상인이나 수공업자는 도시에서의 거래나 수공업 활동이 금지됐다.

구성원의 상호 부조와 공존 공영을 모토로 한 길드는 도시의 경제 발전, 가난한 회원 지원, 특정 구성원의 이익 독점 방지, 지역 사회를 위한 자선 사업 등을 꾀하는 긍정적 역할을 했다. 하지만 그림자도 많았다. 독점에 따른 경쟁 부재, 기회 균등을 명분으로 한 생산 활동 통제, 공정 가격의 강요 등으로 소비자의 후생을 떨어뜨리고 경제의 장기적 발전을 가로막았다.

길드 안에서 새로운 장인(master)이 되려면 오랜 견습 기간과 도제 기간을 거쳐야 했다. 즉, 아무리 뛰어난 기술을 가졌더라도 해당 업종에 빈자리가 나야만 장인으로 독립할 수 있었다. 한편 길드에 속한 수공업자는 자신의 지위를 계속 유지하는 데만 관심이 있었다. 경쟁이 제한됐으므로 새로운 기술을 개발할 필요를 느끼지 못했다. 신기술이 등장해 제조법의 혁신을 이뤄내면 물건의 공급이 많아져 공정 가격을 유지하기 힘들었던 탓도 있었다. 자연스레 중세 시대는 기술 발전이 더딜 수밖에 없었다.

막강한 힘을 갖고 있던 길드는 14~15세기에 들어서면서 점차 위축됐다. 상업이 더욱 발달하고 수출 시장은 광범위하게 확대되고 있었지만, 새로운 것을 시도하려는 창의성이 결여되고 철저히 통제된 길드 체제에서는 생산성이 환경의 변화를 따라가지 못했다. 결국 대규모 자본과 신시장 개척에 대응하지 못한 도시 공업은 점차 쇠퇴했고, 길드의 통제가 없는 농촌 지역에서는 공업이 꿈틀거리기 시작했다.

## ⊂ 길드의 흔적 ⊃

오늘날 중세 시대와 같은 전형적인 길드 조직은 남아 있지 않다. 하지만 흔적은 여전히 살아 있다. 노동조합도 길드의 흔적이라 할 수 있다. 구성원인 노동자의 권리를 보호하고 상호 이익을 도모하는 노동조합의 기능은 길드의 형성 취지와 정확히 일치한다.

국가로 확대해보면 이탈리아의 경제 구조에도 길드 요소가 아직 남아 있다. 무솔리니 집권 시절의 이탈리아에서는 파시스트 정책을 펼친 덕분에 많은 대기업이 파산했다. 중소기업과 기업의 협동조합이 그 자리를 대신 꿰찼다. 하지만 지금도 명품 가방이나 의류를 생산하는 이탈리아 장인들이 경제에 큰 힘이 되고 있다.

최근에는 젊은 사람들이 즐기는 온라인 게임에서도 길드의 흔적을 볼 수 있다. 같은 편으로 뭉친 사람들이 다양한 길드를 만들고 온라인상에서 서로를 돕기도 하고 상대편과 대적하기도 한다.

| 상업의 부활 |

# 분리된 유럽 상권
# 그리고 주어진 부의 기회

⊏ 교회 주변에 형성된 7일장 ⊐

고대 로마 말기부터 유럽의 상공업은 오히려 쇠퇴했다. 로마 멸망 이후에도 눈에 띄는 발전이 없었다. 그나마 유럽에서 활동했던 상인들은 주로 동방인이었고 거래되는 상품도 대부분 동방에서 만들어진 것들이었다. 그동안 부진했던 유럽의 상업은 11~12세기에 들어서면서 점차 활기를 되찾기 시작했다. 이 시기에 있었던 무역망의 확장과 무역의 활성화를 상업의 부활(revival of trade)이라고 부른다.

상업의 부활은 중세 도시의 성장과 함께 이루어졌다. 도시에서는 인근 농지에서 생산된 작물이 거래되고 농업에 필요한 물자를 판매하는 활동도 활발하게 이루어졌다. 장거리 무역을 통해 외지의 특산물이 수입되고 지역에서 생산된 물건도 수출됐다. 도시에 거주하던 시민들이 곡물, 식품, 육류 같은 식료품과 양모, 가죽제품 같은 공업 원료를 필요로 했기 때문이다.

상업 활동의 중심 역할은 당연히 시장이 맡았다. 도시 지역에서 형성되기 시작한 초기 시장은 1주에 1회 열렸다. 그래서 주시(週市)라고 불렸다. 시장은 대개 수도원, 주교, 귀족 계층이 소유했으며 그들은 시장세를 징수했다. 주시는 교회 주변에서 형성되는 경우가 많았는데 예배가 끝난 후 구매자와 판매자가 거래하기 편리했기 때문이다.

거래가 더욱 활발해지면서 1주에 2~3일 열리는 시장이 생겨났다. 우리나라에서도 시장이 열리는 주기에 따라 5일장, 주시(7일장), 10일장, 연시(年市) 등이 있었다. 정기적으로 열리는 시장을 영어로는 'fair'라고 불렀는데, 현재 거의 모든 시장이 상설시장으로 운영되고 있어 이제는 정기적으로 개최되는 박람회나 축제라는 뜻으로 쓰이고 있다.

도시 안에서 시민들을 대상으로 이루어진 상업 활동은 국지적 상업(local trade)으로 분류할 수 있다. 국지적 상업은 도시와 농촌을 연결하는 거래가 주였다. 도시는 농촌으로부터 농산물과 공산품 생산에 필요한 원료를 공급받았고 농촌은 도시로부터 공산품을 공급받았다. 상품의 거래량이나 시민의 필요성 측면에서 볼 때 국지적 상업의 역할은 매우 중요했다. 그러나 경제학적으로 중세 상업을 한 단계 격상시키고 이후의 유럽 경제에 커다란 파장을 일으킨 것은 원거리 무역(long-distance trade)이었다.

## ⊂ 남유럽 상업의 중심지가 된 물의 도시 베네치아 ⊃

원거리 무역은 특히 남유럽 지역에서 발달했다. 그 가운데에서도 이탈리아 도시와 상인이 주도권을 쥐었다. 이탈리아의 여러 도시에서 생산된 각종 공업 제품은 스페인, 아프리카 북부, 시리아, 흑해 등 지중해 지역의 특산품과 활발하게 교역됐다. 이에 힘입어 베네치아, 피렌체, 제노바, 바르셀로나, 마르세유 등 많은 도시가 급속히 성장할 수 있었다.

남유럽 지역의 원거리 무역에서 제일 중요했던 것은 동방 무역이었다. 당시 유럽은 공업제품을 수입할 필요 없이 자족할 수 있었지만, 향신료, 고급 면직물, 약품, 염료 등이 부족해 동방에 의존해야 했다. 실크로드를 따라 중국의 비단과 도자기가, 스파이스로드(Spice Road)를 따라 인도의 후추, 계피, 생강 등 향신료가 거래됐다. 스파이스로드는 실크로드에 빗댄 표현이다.

특히 향신료 무역은 유럽에서 남다른 의미와 중요성을 지녔다. 향신료가 필수 수입품이 된 원인은 유럽인들의 소박한 식탁에서 찾을 수 있다. 15세기 아메리카 대륙에서 유럽으로 감자나 토마토를 들여오기 전까지 유럽인들은 곡식으로 만든 죽, 빵, 고기를 주로 먹고 살았다. 오래 보관하기 위해 소금에 절인 고기는 맛이 없고 누린내가 지독했다.

동양에서 들여온 향신료는 고기 맛을 기적적으로 좋게 만들어 줬고 누린내도 없애줬다. 향신료는 삽시간에 유럽인을 매료시켰고 유럽 최고의 인기 상품이 됐다. 신선한 생고기를 구하는 일보다 향신료를 구하는 일이 더 힘들고 비용이 많이 들었을 정도였다.

특히 인도가 원산지인 후추는 매콤한 맛 덕분에 유럽에서 '천국의 알갱이'로 불릴 만큼 인기가 좋았다. 귀한 몸이 된 후추는 가격이 금값이었다. 우리는 비싸다는 의미로 흔히 '금값'이라고 비유하곤 하지만 당시의 후추는 실제로 같은 무게의 금에 필적할 만큼 고가에 거래됐다. 후추를 운반하기 위해 배 열 척을 운항하다 아홉 척이 침몰하고 한 척만 무사히 돌아오더라도 순이익이 투자금의 다섯 배나 됐다고 하니 유럽에서 후추의 인기와 가격이 어느 정도였는지 짐작할 수 있다.

후추를 거래하는 사람들은 부를 움켜쥘 수 있었으며 후추를 구하는 것은 금광을 발견하는 것이나 마찬가지였다. 후추 교역권을 확보하기 위해 유럽 각국에서는 전쟁까지 치렀다. 유럽이 인도와의 교역로를 개척하기 위해 앞다투어 노력한 배경의 중심에도 후추가 있다.

## ⊂ 상인들의 조합 한자 동맹 ⊃

지중해를 중심으로 남유럽 상권이 성장하고 있을 때, 유럽에는 또 하나의 커다란 상권이 자리를 잡고 중세 유럽의 상업을 양분하고 있었다. 바로 북해를 중심으로 한 북유럽 상권이다.

북유럽 상권의 주도권은 독일 상인들에게 있었다. 북유럽 각지에서 활발하게 상업 활동을 하던 독일 상인들은 상권 확보와 자신들의 권익 유지를 위해 상인 조합을 결성했다. 길드와 기본 취지가 같다고 보면 된다.

시간이 흐르면서 독일 상인들은 자신들의 상인 조합만으로 여러 가지 장애물을 극복하는 데 한계가 있음을 깨달았다. 가장 골머리를 앓았던 문제는 자주 출몰하는 해적과 주요 교통로인 해협을 봉쇄한 덴마크였다. 하지만 개별 상인 조합이 해적이나 해협 봉쇄와 맞서 싸우기에는 역부족이었다.

이에 해상 교통의 안전을 보장하고 상권을 확장하려는 목적에서 독일 상인들을 중심으로 스웨덴, 러시아 지역에 퍼져 있던 북유럽 상업 도시의 조합들을 연합해 공동체를 형성했다. 이것이 바로 14세기에 등장한 한자(Hansa) 동맹이다. 이들은 스스로 '독일로마제국의 상인 조합'이라고 불렀다. 참고로 우리말로는 한자 동맹이라고 부르지만 현재 외국에서는 '한자'라는 용어를 사용하지 않는다. 한자 동맹은 영어로 'Hanseatic League', 독일어로 'die Hanse'로 표기한다.

한자 동맹은 무역을 통한 상인의 이익을 추구하기 위해 국가나 왕의 통치에서 자유로운 독자 네트워크를 구축했다. 이해관계가 맞는 도시들도 서로 결속하며 점차 세력을 키우는 데 성공했다. 동맹에 참여한 회원 도시가 80곳을 넘을 정도로 위세가 대단했다. 회원 도시 사이에는 자유무역을 했다.

상인들의 집단이었지만 한자 동맹은 해적이나 해협 봉쇄에 대항하기 위해서 자체적으로 함대와 요새 등 막강한 군사력을 보유했다. 마치 연합 국가 같은 모습이었다. 군사력을 키운 한자 동맹은 덴마크와의 오랜 전쟁 끝에 승리를 쟁취해 평화조약을 맺고 배상금을 받기도 했다. 국가가 아닌 상인 집단이 정치적으로도 강력한 영향력을 발휘했던 것이다.

한자 동맹은 북유럽의 바닷길과 무역권을 장악하고 대형 선박을 이용해 북해와 발트해 지역에서 수산물, 목재, 모피 등을 독일로 운송했다. 동시에 동양의 향료와 영국의 양모 등을 북유럽에 공급했다.

한편 발트해는 청어의 주산지이기도 하다. 유럽에서 청어가 지니는 의미는 남다르다. 청어는 유럽인들에게 필수 식품에 가깝다. 겨울에는 육류를 대체하는 식품이었으며, 군대에서는 비상식량이었다. 그런 덕분에 발트해의 연안 도시들은 청어의 포획부터 염장, 유통 그리고 선박 제조에 이르기까지 관련 산업을 성장시켜 엄청난 호황을 누렸으며 막대한 이윤을 획득했다.

그런데 14세기 말부터 청어의 산란지가 발트해에서 북해로 이

**한자 동맹의 무역 경로**

노르웨이
베르겐
스웨덴
에스토니아
탈린
노브고로드
비스비
리가
라트비아
북해
발트해
덴마크
단치히
(그단스크)
영국
함부르크
뤼베크
폴란드
런던
네덜란드
독일
브뤼헤
프랑스

동했다. 그 덕을 톡톡히 누린 곳이 북해에 인접한 네덜란드였다. 청어잡이 산업과 유관 무역의 활황에 힘입어 네덜란드는 경제력을 키울 수 있었고, 스페인에 맞서 싸워 독립전쟁에서 승리를 쟁취하며 유럽의 강국으로 부상할 수 있었다.

⊂ 한자 동맹이 남긴 교훈 ⊃

남유럽 상업과 북유럽 상업이 독자적으로 발전하면서 상호 교역의 필요성도 커졌다. 시장이 확대될수록 상업은 일종의 시너지 효과가 나타난다. 즉, 하나 더하기 하나는 둘이 아니라 그 이상이 된다. 상인들이 이러한 효과를 모를 리 없었다. 문제는 상호 교역을 위한 두 지역 사이의 교통이었다.

육로와 하천에 의존하고 있던 두 지역 사이의 교역을 확대시키기에는 한계가 있었다. 대륙 한가운데를 험준한 알프스 산맥이 가로막고 있었기 때문이다. 자연스레 바다를 이용한 교역길이 개척되기 시작했다. 바닷길의 개척은 두 지역의 만남을 필연으로 만들기에 충분했다. 바닷길이 열리자 남유럽과 북유럽은 때로는 동반자로, 때로는 경쟁자로 밀접하게 관계를 이어가며 함께 발전했다.

하지만 기세가 등등했던 한자 동맹은 스스로 자멸의 길로 들어섰다. 자체적인 제조업 기반 없이 중개무역으로 번성했던 한자 동맹이 자유무역을 버리고 배타적인 보호무역 정책으로 방향을 튼 결과였다. 대표적인 것이 외국인 선주를 배척한 정책이다. 외국인에게 선박을 판매하거나 외국인 소유의 선박을 빌리는 것도 금지했다. 새로운 강자로 부상한 네덜란드와 영국의 상인들이 이러한 보호주의 정책에 맞서면서 한자 동맹의 영역을 조금씩 잠식해갔다.

15세기에 개척된 신항로의 개척도 한자 동맹의 쇠퇴에 박차를 가했다. 무역의 중심이 지중해에서 대서양으로 이동하면서 북유럽 상권의 중요성이 축소된 것이다. 마침내 17세기에 들어 한자 동맹은 소멸됐다.

한자 동맹은 사라졌지만 그 자취까지 완전히 사라지지는 않았다. 한자 동맹이 채택했던 자국 선박 이용, 자국 선원이 운항하는 선박에 대한 특권 부여 정책은 훗날 근대 유럽 국가들이 보호무역을 펼칠 때 즐겨 채택하는 조치로 부활했다. 또한 유럽 각국은 제조업 기반 없이 중개무역에만 의존해서는 번영을 오래 유지하기 힘들다는 교훈을 얻었다. 따라서 자국의 제조업에 기반을 둔 무역을 중시하는 정책을 펼쳤다.

한자 동맹의 주역을 담당했던 독일의 뤼베크, 함부르크, 브레멘 등의 도시는 한자 동맹 이후에도 명성을 유지하며 훗날 독일 경제 발전의 토대가 됐다. 독일의 국책 항공사인 루프트한자(Lufthansa)의 이름에도 한자 동맹의 흔적이 남아 있다.

# 신념으로 시작했으나
# 돈으로 끝난 전쟁

## ⊂ 십자군 원정의 경제적 이득 ⊃

역사적으로 보면 전쟁은 세상을 급격하게 변화시킨다. 또 전쟁은 상인이나 기업인에게 새로운 기회를 제공한다. 두 차례에 걸친 세계대전으로 미국은 어부지리로 세계 최강의 국가를 차지했다. "재주는 곰이 부리고 돈은 주인이 번다"는 속담이 하나도 틀리지 않는다.

십자군 원정도 그랬다. 종교 전쟁이라는 명분으로 수많은 사람들의 목숨이 희생됐지만 누구에게는 돈을 버는 중요한 기회였으며 세상이 바뀌는 계기도 마련됐다. 십자군 원정은 전쟁으로서의 기록도 중요하지만 수반된 각종 문화 및 물자의 교류와 그로 인한 유럽 사회의 변화로서 더 중요한 역할을 했다.

십자군 원정이 시작될 즈음 이슬람교도들은 유럽 곳곳을 지배하고 있었다. 그중 기독교의 성지인 예루살렘도 있었다. 기독교인들이 예수살렘 성지를 순례할 때면 이슬람교도들이 핍박을 하거나 차별하는 일이 자주 발생했다. 이에 기독교 성지를 회복해야 한다는 목소리가 커졌다. 마침내 11세기 말부터 13세기까지 여덟 차례에 걸쳐 십자군 원정이 이루어졌다.

겉으로는 종교 전쟁을 내세웠지만 전쟁에 참가하는 사람마다 원하는 바가 달랐다. 진심으로 그리스도를 위해 목숨을 바치겠다는 사람들도 다수 있었지만, 원정 차수가 거듭될수록 신앙심은 약해졌고 각자의 이익을 앞세우기 시작했다. 교황은 자신의 지위 유지를, 왕은 지위와 영토 확장을, 영주는 정복욕과 명예를 추구했다. 상인들은 돈과 새로운 사업 기회를 기대했다. 150년 동안 전쟁을 치렀지만 결국 기독교 세계는 성지 회복이라는 본래의 목적을 달성하는 데 실패했다. 하지만 얻은 것이 전혀 없었던 전쟁은 아니었다. 유럽 사회에는 엄청난 변화의 파고가 엄습했다. 물론 누구에게는 좋고 누구에게는 나쁜 파고였다.

십자군 원정으로 인해 유럽에 불어닥친 가장 커다란 변화는 상업의 활성화다. 그 열매는 상인의 몫이었다. 십자군 원정의 진정한 승자는 상인인 셈이다. 이들은 동방에서 유입되는 많은 상품을 거래하고 전리품을 운송하면서 엄청난 부를 축적할 수 있었다.

십자군 원정의 또 다른 수혜자는 이탈리아 도시 국가들이다. 이탈리아 도시들은 십자군 원정에 필요한 물자 공급, 병사 수송, 전쟁

비용 대여 등의 대가로 베이루트, 트리폴리, 예루살렘 등에 무역 거점을 마련할 수 있었다. 특히 베네치아는 여러 지역에서의 자유무역권을 획득했으며 면세 특권까지 누렸다. 동양의 값비싼 산물을 안정적으로 수입함으로써 지중해 무역을 지배했다. 베네치아의 영광은 신항로 개척으로 무역 중심지가 대서양으로 옮겨지는 16세기까지 지속됐다. 또한 많은 중세 도시들이 십자군 원정 기간 동안 자치권을 얻는 데 성공했다. 왕이나 영주들이 십자군 원정에 필요한 막대한 경비를 거두는 대가로 도시에 자치권을 허용해준 결과였다. 자치권을 등에 업고 중세 도시들은 성장을 이어갔다.

## ⊏ 중국의 3대 발명품 ⊐

십자군 원정은 동방의 새로운 지식과 문화가 유럽으로 대거 유입되는 계기가 됐다. 몽골 제국이 실크로드 같은 교역로를 안전하게 지켜준 덕분에 유럽과 동방의 교역이 활성화될 수 있었다. 유럽의 역사를 뒤흔든 화약, 나침반, 종이 등이 모두 이 기간에 유럽으로 전파됐다. 중국의 3대 발명품으로 평가되는 물품의 유입이 유럽 사회에 미친 영향력은 대단했다.

　화약은 비일비재하게 발생했던 전쟁의 기본 개념을 근본적으로 바꾸기에 충분했다. 당나라 때 처음 제작 기술이 개발된 화약은 송나라에 이르러 전투에 사용할 수 있는 수준으로 성능이 개선됐다.

화약이 없던 시절에는 전쟁을 치를 때 기사의 역할이 핵심이었다. 하지만 화약을 이용한 무기(화총, 화창, 화포 등)가 개발되자 기사의 군사적 의미는 급속히 퇴색했다. 전쟁을 위해서는 포병이나 신무기의 보급이 필수적이었으며 관련 물자를 전방까지 신속하게 전달하는 일이 전쟁의 승패를 좌우했다.

나침반도 세계사의 방향을 바꿀 만큼 중요한 역할을 한 발명품이다. 나침반의 원리는 고대 중국인들이 발견했다고 전해진다. 그리고 11세기 말 송나라 때부터 나침반이 항해에 본격적으로 사용되기 시작했다. 항해술의 발달과 함께 유럽이 신항로를 개척하고 식민지를 확보하는 데 나침반이 결정적인 기여를 했음은 두말할 필요가 없다.

중국의 채륜(蔡倫, 51?~121?)이 105년에 발명한 종이는 1000년이나 지난 12세기에 비로소 유럽에 전파됐다. 종이가 유입되기 전까지 유럽인들은 양이나 염소의 가죽을 가공해 만든 양피지를 사용해 기록을 남겼다. 양피지는 내구력이 좋아 책을 만들어 장기 보존이 가능하다는 장점이 있었다. 하지만 양피지의 가격이 매우 비싸 양피지 책은 일부 귀족 계층의 전유물이었다. 그런 이유로 기록물을 대중화하는 데 어려움이 있었다.

양피지에 비해 종이는 훨씬 저렴할 뿐만 아니라 가벼워서 다루기도 편했다. 종이는 유럽에서 급속히 확산됐으며 대량 생산이 이루어졌다. 종이가 유럽 사회에 미친 영향은 상상 그 이상이며 혁신적인 변화를 가져다주었다. 활자 인쇄 기술까지 개발되자 종이 책은 일부 특권층의 전유물에서 모든 사람을 위한 것으로 변모했다. 또한 책을 통해 새로운 지식이 많은 사람들에게 급속히 전파됐다. 성서의 출판이나 르네상스도 종이 없이는 불가능했을 것이다. 새로운 지식의 보급, 혁신적 사상의 대중화는 유럽에서 중세의 수명을 단축하고 새로운 근대 사회가 출현하는 데 크게 기여했다.

## ⊏ 역사를 뒤흔든 아라비아 숫자 ⊐

십자군 원정으로 유럽이 받아들인 것은 물품만이 아니다. 아라비아 숫자와 복식 부기 같은 문화도 유럽에 본격 전파됐다. 이것들은 아랍 문화라는 차이점이 있지만 유럽의 경제와 문화가 한 단계 도약할 수 있는 전기를 제공했다는 점에서 중국의 3대 발명품과 다르지 않다.

Ⅰ, Ⅱ, Ⅲ

책을 펼치면, 특히 차례 부분에서 종종 접하는 기호다. 책에도 종종 쓰이고 있으므로 이 정도 기호는 대부분 잘 알고 있을 것이다. '일, 이, 삼'에 해당하는 '로마 숫자'다. 로마 숫자로 사부터 십까지를 표현하면 다음과 같다.

Ⅳ, Ⅴ, Ⅵ, Ⅶ, Ⅷ, Ⅸ, Ⅹ

로마 숫자로 이십은 어떻게 표현할까? 오십은? 백은? 로마 숫자는 기본적으로 위의 기호를 적당히 합산하는 방식으로 표현한다. 이십은 십을 두 개 겹쳐 XX로 쓴다. 오십은 별도의 기호 L을 사용하며 오십오는 LV로 쓴다. 백 역시 별도의 기호 C를 쓴다. 이는 센툼(Centum)이란 뜻인데 한 세기, 즉 백 년을 나타내는 영어의 센추리(century)가 여기에서 나왔다. 21세기를 21C로 표현하는 것도 여기에서 비롯했음을 쉽게 유추할 수 있다. 천 년을 의미하는 밀레니엄 역시 천을 나타내는 로마 숫자 M(mille)에서 유래됐다.

그럼 마지막 퀴즈를 하나 내보겠다. MDLXXVIII은 얼마일까?

정답은 천오백칠십팔이다. 이처럼 로마 제국에서 사용했던 숫자 표기 방법으로 숫자를 읽어내기란 여간 어려운 일이 아니다.

지금처럼 교육 제도가 발달하지 않았던 고대에는 이러한 숫자를 읽지 못하거나 제대로 표기하지 못하는 사람들이 당연히 많았다. 그러니 숫자를 이용한 계산은 매우 힘든 고도의 작업이었음은 두말할 나위가 없다. 당시에는 곱셈이나 나눗셈은 물론이고, 간단한 덧셈이나 뺄셈조차 제대로 하지 못했던 상인들이 많았다.

이러한 상황을 획기적으로 변화시킨 것이 바로 아랍에서 전파된 아라비아 숫자다. 아라비아 숫자는 원래 인도에서 만들어졌지만 아랍인들이 많이 사용했고, 아랍인에 의해 유럽에 전해진 탓에 아라비아 숫자라는 이름이 붙었다. 원래대로라면 인도 숫자가 돼야 마땅하다. 인도로서는 통탄할 일이다.

1, 2, 3, 4, …

아라비아 숫자가 얼마나 편하고 좋은지는 앞에서 퀴즈로 확인한 MDLXXVIII만 비교해봐도 쉽게 알 수 있다. 우리 모두 아라비아 숫자에 고개 숙여 고마움을 표해야 한다. 수학으로 골머리를 앓는 고등학생들도 그나마 아라비아 숫자 덕분에 간편하게 표기하고 계산할 수 있음에 감사해야 한다. 미적분이나 확률처럼 복잡한 수학 문제를 로마 숫자로 풀어야 한다고 상상해보라. 아라비아 숫자 가운데에서도 '0'은 보석 중의 보석이다. 0부터 9까지의 숫자를 써서 열 배마다 한 자리씩 위로 올라가는 십진법을 가능하게 해준 숫자다.

예나 지금이나 물건을 거래하고 돈을 벌어야 하는 상인들은 변화에 매우 민첩하다. 남들보다 느리면 쉽게 뒤처지고 돈 벌기도 힘들어지기 때문이다. 중세 유럽 상인들은 발 빠르게 로마 숫자를 내던지고 아라비아 숫자를 받아들였다. 그들은 이전에도 장사를 통해 번 돈과 거래 내역을 장부에 기록하기는 했지만 필수적인 내용만 낙서처럼 표시했다고 한다. 기록 없이 단순히 기억력에 의존한 상인들도 많았다.

하지만 아라비아 숫자를 사용하면서부터 모든 것이 일순간에 바뀌었다. 대부분의 상인들이 더 빠르고 정확하게 장부를 기록할 수 있게 됐다. 한 개인의 거래 규모뿐만 아니라 시장의 거래 규모 같은 통계를 작성하는 일도 한결 쉬워졌다. 왕이 세금 징수와 관련

해 기록하기도 편리해졌다. 유럽 경제가 성장하는 또 하나의 계기
가 되기에 충분했다.

## ⊏ 거래 기록이 중요해 ⊐

아라비아 숫자와 함께 복식 부기도 십자군 원정을 계기로 아랍에
서 유럽으로 전파됐다. 부기(bookkeeping)는 오늘날의 회계에 해당
하는 개념으로서 거래 내역과 금전 출납을 기록하는 일을 말한다.

부기는 평평한 점토판에 기록한 바빌론 시대(기원전 2600년 쯤)
까지 거슬러 올라갈 정도로 역사가 오래됐다. 당연히 중세 유럽 상
인들도 부기를 기록하고 있었다. 하지만 유럽 상인이 기록한 것은
단식 부기에 가까웠다. 단식 부기는 어린이들이 사용하는 금전출
납부나 가정에서 쓰는 가계부를 기록하는 방식으로 보면 된다. 들
어온 현금과 지출한 현금을 기록하는 단순한 방식이다. 그래서 정
확성이 떨어졌다. 오류가 발생해도 그 원인을 찾기 힘들었다. 모든
거래를 상세하게 기록하는 데에도 한계가 있었다.

하지만 아랍에서 전파된 복식 부기는 모든 거래를 정확하게 기
록할 수 있게 해주었다. 쉽게 말해 복식 부기는 하나의 거래를 두
번씩 적는 방법이다. 예를 들어 어느 상인이 쌀을 30만 원에 팔았
다면 왼쪽의 현금 칸에는 +30만 원을 적고, 오른쪽의 매출 칸에는
+30만 원을 기록하는 방식이다. 이런 식으로 기록하다 실수를 하

게 되면 왼쪽(차변) 기록의 합계와 오른쪽(대변) 기록의 합계도 달라지므로 오류를 쉽게 찾아 시정할 수 있다.

오늘날 기업이나 국가에서는 회계 장부를 기록할 때 의무적으로 복식 부기를 사용한다. 회계에서는 다른 무엇보다 정확성이 생명이기 때문이다. 고려 시대 개성상인도 복식 부기의 원리에 따라 장부를 기록한 것으로 알려져 있다.

아마 유럽인들이 로마 숫자를 고집했다면 복식 부기를 활용하지 못했을 것이다. 가뜩이나 복잡한 거래 장부를 더 복잡한 로마 숫자로 기록한다고 상상해보라. 아라비아 숫자를 접한 유럽 상인들은 복식 부기를 작성하면서 사업의 흐름을 한눈에 파악하기 쉬워졌다. 돈과 물건이 얼마나 이동하고 얼마나 남아 있는지도 쉽게 파악할 수 있게 됐다. 이러한 장점 덕분에 복식 부기는 유럽 전체로 빠르게 확산됐다.

흑사병

# 팬데믹 현상 속에서도 돈의 왕관을 쓴 사람들

## ⊂ 세계 경제가 마비되다 ⊃

2020년, 전 세계는 코로나 19라는 신종 코로나 바이러스 때문에 극심한 몸살을 앓았다. 사람들은 자유롭게 외출도 하지 못하고 학교 개학도 장기간 미뤄졌다. 마스크 하나를 사려고 몇 시간씩 긴 줄을 서야만 했다. 학교 강의와 종교 집회를 온라인으로 진행하는 유례없는 일도 벌어졌다. 각종 공연과 프로 스포츠가 중단되는 등 바이러스의 파장은 의학계뿐만 아니라 사회 모든 분야에 걸쳐 심각한 영향을 미쳤다. 세계 각국이 입국 제한이나 강제 격리를 실시하면서 비행기 운항이 중단되고 코로나 19의 감염이 심각한 국가는 특정 지역을 봉쇄하는 비상사태까지 선포했다.

팬데믹(pandemic) 현상이었다. 바이러스의 대유행 탓에 세계 경제는 마이너스 성장으로 반전됐으며 실업률이 사상 최고치로 치솟고 주가가 폭락했다. 유가도 크게 하락하면서 마이너스 가격에 거래되는 초유의 사태가 발생하기도 했다. 세계 대공황이 재현된다는 비관적인 예측이 난무했다. 눈에 보이지도 않는 바이러스가 세계 경제에 이토록 심각한 영향을 미칠 수 있다는 사실에 새삼 놀라지 않을 수 없다.

21세기에 인류는 사스(SARS), 메르스(MERS) 등 새로운 바이러스의 공격을 연이어 받고 있다. 전문가들은 앞으로도 이와 같은, 아니 더 심각한 감염병이 인류에게 닥칠 것이라고 경고하고 있다. 미래에 벌어질 일까지 예측할 수는 없지만 과거에도 세계 경제를 뒤흔든 감염병이 있었다. 그중 코로나 19보다 더 큰 충격을 준 감염병의 이름은 흑사병이다.

## ⊂ 흑사병이 경제에 미친 파장 ⊃

상업이 부활하고 농업 생산성이 높아지면서 중세 유럽은 성장을 거듭했다. 새로운 도시가 속속 형성되고 교역이 활발하게 이루어졌다. 농노들도 예속 관계에서 점차 벗어나 자유를 쟁취하기 시작했다. 봉건제가 색채를 잃고 영주의 권력이 약화됐다. 많은 영주들이 영주권을 상실하고 자신의 직영지를 임대한 후, 그곳에서 생산되는 작물의 일정 비율을 지대로 받는 지주(landlord) 신분으로 변모하고 있었다.

경제 성장에 힘입어 11~14세기의 유럽은 인구가 크게 증가했다. 급속한 인구 증가로 식량 부족 문제가 우려되고 있을 때, 흑사병(Black Death)이 유럽 사회를 엄습했다. 감염되면 피부가 괴사하고 검게 변한다고 해서 붙여진 이름이다.

1347년 지중해 연안에 상륙한 흑사병은 빠른 속도로 유럽 전체로 전파됐다. 팬데믹이 발생한 것이다. 쥐가 옮기는 벼룩이 원인이어서 전파 속도가 매우 빨랐다. 불과 4년 만에 유럽 대륙을 초토화시키고 러시아까지 확산됐다. 당시 의학이 덜 발달한 탓에 치명률이 50퍼센트를 넘었다니 일단 감염되면 목숨을 유지하기 힘들었다고 보아도 무방하다. 흑사병으로 인해 유럽 인구의 3분의 1이 사망한 것으로 알려진다. 파리 인구의 절반이 사망했다. 1338년에 11만 명이었던 피렌체 인구는 1351년에 5만 명으로 줄어들었다.

흑사병은 이탈리아 작가 조반니 보카치오(Giovanni Boccaccio, 1313~1375)가 쓴 유명한 저서 《데카메론》(Decameron)이나 프랑스 대문호 알베르 카뮈(Albert Camus, 1913~1960)의 소설 《페스트》(La Peste)도 탄생시켰다. 데카메론은 흑사병이 퍼진 피렌체를 떠나 시골 마을로 피신한 7명의 여성과 3명의 남성이 10일 동안 하루에 한 개씩 들려주는 총 100편의 이야기를 담고 있다. 참고로 데카(deca)는 10을, 메론(meron)은 날 또는 일을 뜻하므로 데카메론은 '10일'이라는 뜻이다.

이 책은 이야기를 본격적으로 시작하기 전에 다음과 같이 흑사병을 묘사하고 있다.

"이 유행병은 천체의 작용에 의한 것인지, 아니면 우리 인간을 올바르게 만들기 위해서 하나님이 가하신 정의의 노여움에 의한 것인지 알 도리가 없습니다만 … 이 감염병에는 어느 의사의 진단도 어떤 약도 소용이 없었고 효력이 없었습니다. … 그 결과 낫는 자는 극히 드물고, 거의 전부가 앞에서 말씀드린 반점이 나타나고부터 다소 늦고 빠른 차이는 있더라도 사흘 이내에 열도 없고 다른 발작도 없이 죽어갔습니다."

흑사병으로 인한 인구의 급감은 유럽 경제에 다각도로 충격을 가했다. 인구가 급감하자 노동력이 다시 희소해졌고 임금은 크게 올랐다. 반면에 식료품을 구입하는 인구 자체가 3분의 1로 격감했으므로 농산물 가격은 크게 하락했다. 그 결과 노동자들의 실질 임금이 크게 상승하고 생활 수준이 향상됐다. 이 기간은 노동자의 황금기였다. 물론 살아남은 노동자의 이야기다. 흑사병의 회오리가 지나며 자신의 실질 소득이 늘어난 사람들은 다양한 공산품과 수입품 소비에 눈을 돌렸으며 이와 연관된 장거리 교역과 상공업이 새로운 기회를 맞았다.

빛이 있으면 그림자가 있는 법. 노동자의 황금기는 곧 영주의 위기를 의미한다. 많은 토지가 농사지을 사람을 찾지 못해 노는 처지가 돼버렸다. 버려지거나 황폐화되는 땅이 많아지자 토지 지대가

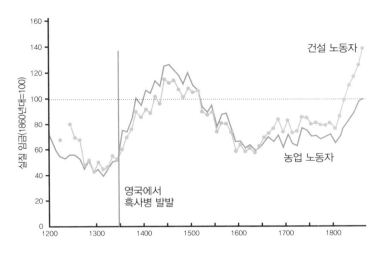

**흑사병 이후 상승한 영국 노동자의 실질 임금**

실질 임금(1860년대=100)

건설 노동자

농업 노동자

영국에서
흑사병 발발

출처: G. Clark(2007), The Long March of History.

하락했다. 많은 농노가 장원의 굴레에서 벗어나 자유민의 지위를 얻는 데 성공했다. 또한 자신들이 보유하고 있는 토지를 자유롭게 처분할 수 있는 권리도 획득하기 시작했다.

인구의 급격한 감소 때문에 분업과 협업도 이전처럼 원활하게 이루어지기 힘들었다. 긴밀하게 작동하던 다양한 사회 조직이 흑사병으로 인해 흔들린 것이다. 죽음의 그림자가 닥치자 기존의 가치관에 회의를 느끼는 사람들도 많아졌고 "지금 이 순간을 즐기자"라는 신조도 생겨났다. 일부는 흑사병이 하나님의 심판이므로 고행으로 죄를 씻어야 한다며 이를 실천하기도 했고 각종 이단 종교가 등장하는 등 사회가 극심한 혼란에 휩싸였다.

흑사병은 중국도 덮쳤다. 실크로드 교역길이 흑사병의 감염로가 된 것이다. 실크로드를 따라 흑사병이 급속히 번지면서 막강했던 몽골군의 위력도 쇠퇴하고 멸망의 길로 접어들었다.

한마디로 흑사병이 유럽 경제와 세계 경제를 뒤집었다.


## ⊂ 돈의 왕관을 쓴 사람들 ⊃

흑사병 이후 눈에 띄는 또 하나의 변화는 국제적인 금융가의 등장이다. 이탈리아의 피렌체에서는 메디치(Medici) 가문이 상업과 은행업에서 두각을 나타내며 유럽 전체로 위세를 확장했다. 교황청과 직접 거래하고 유럽 대도시 10여 곳에 지점을 두고 유럽 경제에 영향력을 발휘할 정도로 메디치 가문의 세력은 대단했다. 메디치 가문의 전성기는 15세기 후반까지 이어졌다. 메디치 가문은 막강한 부를 앞세워 예술가와 학자들을 후원했고 르네상스 문화를 꽃피우는 데 기여한 것으로도 유명하다.

이탈리아에 메디치 가문이 있었다면 독일에는 푸거(Fugger) 가문이 있었다. 모직물 무역으로 재산을 축적한 푸거 가문은 은행, 광산 등으로 사업을 확대해 15세기 후반에는 유럽 전역에 지점을 둔 국제적 금융가로 성장했다. 16세기 후반까지 푸거 가문은 독일은 물론이고 유럽의 무역과 금융을 주도했다. 한편 교황청과 결탁해

면죄부를 팔고 수익금의 30퍼센트를 가져간 것으로도 유명하다. 이는 마르틴 루터(Martin Luther, 1483~1546)가 "돈으로 죄를 용서할 수 없다"며 종교 개혁의 포문을 연 결정적 계기가 됐다.

유럽에 국제적으로 위세를 떨친 금융 가문, 큰 부자들이 등장한 배경으로 군사적 요인을 무시할 수 없다. 14세기부터 화약 무기가 등장하자 기사의 역할이 약화된 데 반해 보병과 포병의 역할이 중요해졌다. 강한 군사력을 확보하려면 신무기 개발, 대규모 군인의 무장과 훈련, 군수물자 수송이 필수적이었다. 그리고 당연히 이 모든 일에는 엄청난 돈이 들어갔다.

통치자들은 군사력을 유지하고 증강하기 위해 기업가에게 거액을 지불하거나 돈이 없을 때는 광산 채굴권 같은 이권을 제공해주고 필요한 자금을 조달했다. 여건이 여의치 않을 때는 금융가로부터 자금을 빌렸다. 군사력이 돈에 의해서 결정되는 전쟁의 상업화 현상이 본격화된 것이다. 그럴수록 금융가의 배는 불룩해졌다.

III

돈이 사회를 흔들다,
투자와 투기

| 근대화 |

# 돈이 '알아서 움직이는' 자본주의의 시기

## ⊂ 자본주의가 싹트기 시작한 근대 전기 ⊃

16세기가 열릴 무렵 유럽 사회는 중세가 쇠퇴하고 근대로 접어들었다. 유럽의 근대를 다시 전기와 후기로 구분한다면, 근대의 전기는 16세기 초부터 18세기 초까지의 2세기 정도이며, 18세기 중반부터 약 2세기가 근대 후기에 해당한다.

근대화(modernization)는 전통 사회로부터 현대 사회로 진화하는 과정이다. 근대화 과정에서는 일반적으로 공동체주의에서 개인주의로, 관습 중심에서 계약 중심으로, 농업 중심에서 상공업 중심으로 그리고 도시화의 진전이라는 구조적 변화가 나타난다. 물론 이러한 변화가 갑자기, 뜬금없이, 홀연히 나타나지는 않았다.

"자연에는 비약이 없다(Nature does not make jumps)"라는 말이 있다. 자연 현상뿐만 아니라 전쟁, 심지어 사람의 감정까지 현실에 실체를 드러내기까지는 그럴 만한 원인과 배경이 차곡차곡 누적돼야 한다.

우리가 지금 살고 있는 세상을 지배하고 있는 자본주의도 마찬가지다. 하루아침에 불현듯 생겨나지 않았다. 오랜 기간 동안 자본주의가 발생하는 데 필요한 여건과 환경이 조금씩, 때로는 후퇴했다가 어느 사건을 계기로 다시 크게 진일보하면서 자본주의라는 실체가 인간 역사에 드러나기 시작했다.

자본주의는 근대 전기부터 조금씩 꿈틀거리기 시작했다. 그래서 산업혁명이 시작되기 전인 18세기 초까지의 기간을 '초기 자본주의' 시대라 부른다. 중세의 봉건적 요소가 남아 있으면서도 근대적 또는 자본주의적 요소가 새롭게 가미된 시기였다. 근대 전기에 나타나기 시작한 자본주의가 한층 성숙해지면서 근대 후기의 본격적인 자본주의, 즉 '산업 자본주의'로 이어졌다.

중세부터 이어져온 상업의 발전은 근대 전기에 자본주의가 태동하게 된 원동력이 됐다. 국지적 상업은 물론이고 원거리 무역이 확대되고 화폐 경제가 성숙해지면서 상인들이 축적한 부, 즉 상업 자본이 공업 생산과 농업 부문까지 지배하게 됐다.

근대 전기의 경제 및 상업의 발전은 당시에 발생한 정치, 문화, 종교 부문에서의 중대한 변화 그리고 신항로의 개척으로 불리는 지리 혁명이 함께 어우러진 결과였다. 먼저 정치, 문화, 종교에서 나타난 변화가 어떻게 경제 및 상업 발전에 도움이 됐는지부터 하나씩 알아보자.

## ⊂ 국민 국가의 성립 ⊃

근대 전기의 정치 발전 측면에서 가장 중요한 변화는 국민 국가(nation state)의 성립이다. 중세 시대의 봉건제 정치 체제는 지방 분권적이었으므로 중앙의 통치 영역이 극히 제한적이었고 각 지역의 영주가 실질적인 통치권을 보유하고 있었다.

원거리 무역이 발달하고 도시가 급속히 성장하면서 도시 상인의 경제력이 크게 강화됐다. 그만큼 봉건제의 귀족 계층은 경제적인 힘을 잃었다. 국왕은 점차 상인의 경제력에 의존하면서 귀족 세력을 물리치고 자신의 지배력을 확대했다. 프랑스 역사학자 마르크 블로크(Marc Bloch, 1886~1944)의 말처럼 영주의 몰락은 중세의 종말을 고하고 근대가 시작됨을 의미했다.

중앙집권적인 국민 국가는 15세기 중반 이후 봉건제가 무너진 자리를 대신했다. 각 지역별로 분할된 영토 경계를 허물고 국민 또는 민족을 단위로 하는 하나의 국가, 거대한 단일 영토가 형성된 것이다.

국민 국가의 군주는 절대적인 권력을 갖고 있었다. 그래서 절대 군주로 불린다. 절대 군주의 권력은 신의 뜻에 의해 주어진 것이므로 어느 누구도 왕권에 도전해서는 안 된다는 왕권신수설(divine right of kings)이 지배하는 사회였다. 절대 왕정의 시대, 절대주의(absolutism)의 시대가 열린 것이다. 절대주의는 시민혁명으로 인해 자본주의 사회가 본격적으로 등장할 때까지 지속됐다.

막강한 권력을 보유한 절대 군주는 일반 국민의 권리를 인정하지 않았으며 신분 계층을 그대로 유지했다. 국가를 효율적으로 통치하고 국가의 독립을 유지하기 위해서 상비군을 운영했다. 군사력의 의미를 상실한 기사와 비상시에 긴급히 동원되는 농민군을 대신해서 총포로 무장하고 상시로 훈련받는 군대가 등장한 것이다. 절대 군주의 권력이 종교를 지배하기 시작한 것도 이즈음이다.

국력 배양을 위해서 상공업 발전 정책을 강력하게 추진했으며, 국가를 효과적으로 통치하기 위해서 지식을 갖춘 직업 관료들을 발탁했다. 훗날 등장하는 중상주의도 이들 전문 관료들에 의해 도입된 정책이었다.

## ⊂ 르네상스 ⊃

경제 발전에 기여한 정치적 요인이 국민 국가의 성립이라면, 지적 또는 문화적 요인은 르네상스(Renaissance)다. 중세 암흑기를 거치며 쇠퇴한 그리스·로마 시대의 학문과 예술이 새롭게 부흥했다는 뜻에서 붙은 이름이다. 부와 자치권을 얻은 중세 도시들은 정치와 경제의 중심지가 되고, 이슬람 세계와의 활발한 교류를 통해 새로운 학문과 기술을 접하면서 르네상스가 꽃피기 시작했다.

르네상스는 14세기 이탈리아 도시에서 시작돼 유럽 전체로 확산되며 16세기에 최고조에 달했다. 르네상스는 단순한 문화 혁신 운동이 아니었다. 인간 생활의 전반에 걸친 혁신 운동이었다. 자연에 대한 관심도 높아져 새로운 자연과학 지식이 창출됐다. 레오나르도 다 빈치, 갈릴레오 갈릴레이, 프랜시스 베이컨, 르네 데카르트, 아이작 뉴턴의 지식과 이론은 과학 기술의 발달에 결정적으로 기여했다. 덕분에 혁신적인 생산 수단들도 속속 개발될 수 있었다. 르네상스로 인해 인간의 합리성에 대한 관심도 높아졌다. 중세에 이어 새로운 시대, 근대가 열리는 에너지가 분출됐다.

르네상스를 계기로 유럽의 상류 계층은 기존과 다른 새로운 취향을 지니게 됐으며 소비 수준도 높아졌다. 고급 유리, 면 같은 고급 공산품에 대한 수요가 생겨났으며, 우아한 건축물이 많이 지어졌다. 그런 덕분에 고도로 숙련된 수공업자, 예술가, 건축가가 대량 배출될 수 있었다.


## ⊂ 종교 개혁 ⊃


종교 개혁은 1517년 마르틴 루터에 의해 시작됐다. 가톨릭 교회의 세속화, 형식 중심주의에 대한 저항 운동인 종교 개혁은 종교

계를 넘어 경제에도 커다란 파장을 몰고 왔다. 종교 개혁은 구교와 신교 사이의 심각한 갈등과 전쟁을 불러일으켰고 프로테스탄트(Protestants)로 불리는 신교도들이 박해를 피해 대규모로 이주했다. 특히 구교가 지배했던 프랑스에서 다수의 신교도들이 인근 국가인 영국, 네덜란드, 독일 등지로 이주했다. 중산층이자 기술과 자본을 지닌 신교도들의 이주는 육체뿐만 아니라 자본과 기술이 함께 주변 국가로 이전되는 결과를 낳았다.

신교도들이 유입된 국가에서는 토지와 소득에서 커다란 변화가 나타났다. 영국에서는 국왕이 해산된 수도원의 토지를 매각해 전 국토 3분의 1의 소유자가 바뀌었을 정도였다. 토지를 새로 보유하게 된 농민과 상인은 수익성을 높이려고 더 합리적이고 더 과학적인 토지 이용법을 강구했으며 이에 힘입어 농업에서도 커다란 발전을 이루었다.

종교 개혁의 경제적 역할에서 상업과 부에 대한 인식의 변화를 결코 빼놓을 수 없다. 경제력이 크게 확대됐지만 상인은 여전히 천시받고 있었다. 비생산적인 활동을 통해 돈을 버는 일에 종사한다는 비판에서 자유롭지 못했다.

"금방 되팔기 위해 물건을 사들이는 상인은 천한 직업이다. 그들은 상대를 속이지 않고는 돈을 벌지 못한다."

르네상스보다 훨씬 이전인 로마 제국의 정치가 키케로(Marcus

Tullius Cicero, 기원전 106~43)가 한 말이지만, 이와 같은 인식은 1000년이 지나도록 계속돼 상인에 대한 곱지 않은 시각을 형성했다.

이때 칼뱅주의는 새로운 시각을 제시했다. 각자의 직업은 신의 뜻인 소명(calling)이므로 열심히 일하는 것이 신을 따르는 것이라고 본 것이다. 상업이나 고리대금업도 신의 뜻을 받드는 행위이며, 영리를 추구하는 활동도 정당하다고 인정했다. 상업과 영리 추구 행위에 날개를 달아준 셈이었다. 신의 축복 중 하나로 부를 받아들이면서, 자본주의가 발달하는 데 힘을 실어주었다. "이익, 즉 부를 추구하는 행위가 자본주의 정신"이라고 한 독일의 사회학자 막스 베버(Max Weber, 1864~1920)의 말처럼 부의 추구가 정당화됐으니 자본주의의 등장은 시간문제였다.

# 경제적 욕망에서 시작된 대항해 시대

## ⊂ 인도로 가는 길 ⊃

15세기 말은 유럽 경제 발전과 초기 자본주의 성립에서 중요한 획을 그을 수 있는 위대한 변화의 시기였다. 인도 항로의 개척과 아메리카 대륙의 발견은 그러한 변화의 절정이라 할 수 있다.

중세 유럽에서 상업 발전에 결정적으로 기여한 것은 원거리 무역이었다. 특히 동방과의 무역이 중요했다. 유럽은 동방으로부터 향료, 염료, 고급 직물, 약품, 보석, 도기 등 다양한 특산품을 수입했고 그 대신 동방으로 모직물, 금속제품, 금, 은을 수출했다. 동방 무역에서 가장 커다란 이득을 얻은 곳은 지중해를 지배했던 이탈리아였고, 그 덕분에 이탈리아 상인들은 막대한 상업 이윤을 획득했다.

반면에 다른 국가의 상인들에게는 불만이 쌓여갔다. 이탈리아 상인의 손을 거치지 않고 직접 동양과 교역할 수 있는 새로운 길을 개척하려는 욕구가 자연스럽게 생겨났다. 지중해를 경유하지 않고 동방에 직접 도달해 특산품을 보다 빨리, 보다 값싸게, 보다 많이 획득하려는 욕구였다.

이슬람 상인에 대한 반감도 새로운 무역로를 개척하려는 욕구에 일조했다. 당시 유럽과 동방 사이의 무역을 하려면 중간 지역을 장악하고 있던 이슬람 상인의 손을 거쳐야 했다. 이슬람 상인 때문에 장사를 마음대로 할 수 없다는 불만을 가졌던 유럽 상인들은 동방으로 또는 인도로 가는 새로운 바닷길을 찾아 나섰다.

그러나 새로운 바닷길을 개척하는 탐험은 말처럼 쉬운 일이 아니었으며 실패 확률이 매우 높았다. 막대한 자금과 고급 기술이 필요한 거대 프로젝트였다. 일개 상인이나 소수 집단의 힘만으로는 감당하기 어려운 도전이었다.

이베리아 반도에 위치한 포르투갈과 스페인은 이러한 상인들의 욕구에 화답했다. 이탈리아에 지중해 상권을 빼앗긴 두 나라는 대서양을 통해 신항로를 개척하기 위한 탐험에 재정 지원을 아끼지 않았다.

한편 이들 국가의 국왕은 신항로 개척을 지원하면서 다른 속셈이 있었다. 만약 항로 개척에 성공할 경우, 자신의 절대 왕정을 유지하고 국가를 안정적으로 통치하기 위해 필요한 재정을 동방 무역을 통해 확보할 수 있다는 계산이 깔려 있었던 것이다. 즉, 동방 무역은 상인뿐만 아니라 국가에도 막대한 이익을 안겨다 주는 사업이라는 계산법이다.


## ⊏ 세계 경제의 중심이 지중해에서 대서양으로 ⊐

포르투갈에는 '항해왕'이라 불리는 엔히크(Henrique, 1394~1460)가 있었다. 엔히크 왕자는 지리학자, 천문학자, 지도제작자 등을 모아 탐험에 필요한 지식을 축적하고 공유할 수 있는 연구소를 설립하는 등 조직적으로 탐험 활동을 추진했다. 장거리 항해에 필수인 기술들도 차근차근 개발했다.

엔히크 왕자의 적극적 후원과 나침반·지도·천체관측기와 같은 항해 기술의 발달, 대형화된 범선이 어우러져 마침내 대양을 항해하는 일이 가능해졌다. 15세기 내내 지속된 노력은 결실을 맺었다. 1498년에 바스쿠 다 가마(Vasco da Gama, 1460~1524)가 인도에 도착한 것이다.

인도로 가는 바닷길 개척은 동서양 교역의 양상을 근본적으로 바꾸기에 충분한 사건이었다. 포르투갈은 인도의 여러 지점에 상관을 설치해 유럽의 인도 무역을 독점했다. 이를 계기로 포르투갈은 16세기에 무역과 식민지 개척에서 확고하게 유리한 위치를 차지할 수 있었다.

포르투갈과 인접하고 역시 대서양을 품고 있는 스페인도 포르투갈 못지않게 탐험 활동에 앞장섰다. 이탈리아 출신으로서 포르투갈의 리스본으로 이주한 크리스토퍼 콜럼버스(Christopher Columbus, 1451~1506)는 지구가 둥글다는 코페르니쿠스의 지동설을 믿었다. 대서양을 횡단해 서쪽으로 가다 보면 인도를 만날 수 있다고 믿은 콜럼버스는 포르투갈에 지원을 요청했지만 거절당했다.

콜럼버스의 원정 사업을 지원한 후원군은 스페인의 여왕 이사벨과 상업 자본가들이었다. 이탈리아, 특히 베네치아 상인의 독점 무역을 타도하기 위해 새로운 인도 항로를 발견하려고 탐험에 나섰던 콜럼버스는 우여곡절 끝에 1492년에 인도 대신 아메리카 대륙을 발견하는 행운을 얻었다.

새로운 바닷길을 확보한 포르투갈과 스페인은 16세기 유럽에서 가장 부유한 국가로 성장했다. 포르투갈과 스페인은 치열하게 경쟁했고 17세기로 접어들며 힘을 잃기 이전까지 유럽의 무역과 식민 사업을 양분했다. 포르투갈은 브라질·아프리카 해안·동인도를, 스페인은 브라질을 제외한 아메리카 대륙을 지배했다.

유럽의 다른 국가와 많은 탐험가들도 연이어 신항로 개척 대열에 합류했다. 이탈리아인 조반니 카보토(Giovanni Caboto, 1450?~1499?)는 북아메리카 해안을 개척했다. 프랑스의 자크 카르티에(Jacques Cartier, 1491~1557)는 몬트리올을 발견했는데, 그 덕분에 프랑스는 훗날 캐나다를 통치하게 됐다. 포르투갈의 페드루 알바르스 카브랄(Pedro Álvares Cabral, 1468~1520)은 인도로 항해하는 도중에 폭풍을 만나 브라질에 도착했으며, 스페인의 바스코 누녜

스 발보아(Vasco Núñez de Balboa, 1475~1519)는 파나마를 정복하고 유럽인 처음으로 태평양을 발견했다. 포르투갈인 페르디난드 마젤란(Ferdinand Magellan, 1480~1521)은 처음으로 대서양과 태평양을 횡단했다.

## ⊂ 신대륙 발견 대신 신항로 개척 ⊃

역사적으로 신대륙 발견과 신항로 개척의 시기를 영어로는 '발견의 시대(Age of Discovery)'라고 부른다. 하지만 이 말은 유럽인의 시각에서 바라본 표현이다. 유럽인이 발견한 아메리카나 아시아는 오래전부터 지구상에 존재해왔다. 오히려 이들 대륙에 거주했던 사람의 입장에서는 '침략자의 유입'이 정확한 표현일 테다. 그래서 우리나라에서는 영어를 직역하는 대신에 비교적 중립적 표현인 '신항로 개척'이라는 용어가 널리 쓰이고 있다.

참고로 '대항해 시대'는 일본에서 널리 쓰이는 표현이다. 신항로 개척 시대를 배경으로 바다를 누비며 항해, 무역, 탐험 등을 하는 시뮬레이션 게임인 '대항해 시대' 시리즈도 일본 문화의 영향을 받아 작명된 것이다.

애덤 스미스는 훗날 《국부론》에서 아메리카 대륙의 발견과 희망봉을 경유하는 동인도 항로의 발견을 인류 역사상 가장 위대하고 중요한 두 가지 사건으로 평가했다. 그리고 이를 통한 세계화의 영향을 긍정적으로 예상했다. 단, 이러한 긍정 효과를 기대하기 위해서는 지식과 각종 개혁의 상호 소통이 전제돼야 함도 잊지 않았다.

"그것의 성과들은 이미 너무나 거대하다. … 어떤 인간의 지혜로도 장차 이 위대한 사건들로 인해 인류에게 어떤 이익이나 어떤 불행이 닥칠지를 예측할 수 없다. 세계에서 가장 멀리 떨어져 있는 지역들을 어느 정도 결합하고 서로의 욕구를 충족시킬 수 있게 하며 서로의 즐거움을 증대시킬 수 있게 하고 서로의 산업을 부흥시킴으로써, 그러한 발견은 일반적으로 이로운 경향이 있다."

# ⊏ 악마의 작물로부터 흙 속의 사과로 ⊐

배경이 무엇이든 신항로 개척 덕분에 유럽과 아메리카 사이에 무역이 시작됐다. 사람뿐만 아니라 새로운 상품, 가축, 작물이 대거 상호 이동했다. 유럽에서 아메리카로는 밀, 보리, 양, 소, 말, 돼지 등이 전파됐다. 아메리카에서 유럽으로는 옥수수, 담배, 감자, 토마토, 파인애플, 땅콩 등이 전파됐다. 학자들은 이처럼 15~16세기에 걸쳐 지역 간 새로운 동식물, 문화, 인구, 기술, 질병 등이 교류된 현상을 콜럼버스의 교환(Columbian exchange)이라고 표현한다.

이들 상품은 새로운 식량, 새로운 원료, 새로운 기호품으로서 사람들의 생활에 커다란 변화를 초래했다. 때로는 식량이 인구 증가에 기여하기도 했고, 때로는 병균 때문에 사람들이 목숨을 잃기도 했다. 이 가운데 감자를 빼놓을 수 없다.

감자는 남아메리카 안데스 산맥이 원산지다. 스페인 탐험가에

| 원산지 | 주요 작물과 가축 |
|--------|------------------|
| 유럽 | 밀, 보리, 오트밀, 양, 소, 말, 돼지, 벌, 토끼 |
| 아메리카 | 옥수수, 담배, 감자, 토마토, 코코아, 고무, 파인애플, 아보카도, 호박, 땅콩 |
| 동남아시아 | 사탕수수, 쌀, 오렌지, 레몬, 라임, 시금치, 가지, 바나나 |

**대륙 사이의 작물과 가축 전파**

출처: C. Ponting(1992), A Green History of the World.

의해 유럽으로 유입됐다. 척박한 땅이나 산악지대에서도 잘 자라 구황작물로 알려진 감자는 고열량의 식품이라는 점에서 유럽에서 인기가 있을 것으로 여겨졌지만 처음에는 그렇지 않았다. 유럽인들은 감자에 대해 부정적인 태도를 보였다. 심지어 문둥병의 요인이라는 소문도 돌아 '악마의 작물'로 불리기까지 했다. 17세기에도 유럽에서 감자는 이국적이며 두려움을 주는 식물로 받아들여졌다. 먹을 것이 없거나 아주 미개해서 음식을 가리지 않는 야만인이 먹는 음식으로 취급됐다. 훗날 '흙 속의 사과'라는 후한 평가를 받기 전까지는 그러했다.

감자가 유럽에서 널리 퍼진 것은 18세기 중반 이후부터다. 지역도 서유럽이 아닌 아일랜드, 러시아, 북유럽 등지에서 널리 퍼졌다. 대부분 기근에서 벗어나기 위한 궁여지책으로 감자를 선택한 결과였다. 독일에서 감자 보급에 결정적으로 기여한 사람은 감자대왕이라는 별명을 가진 프리드리히 대왕(Friedrich der Grosse, 1712~1786)이다. 그 덕분에 감자는 오늘날 독일에서 빼놓을 수 없는 음식 가운데 하나가 됐다. 유럽에서 감자는 배고프고 돈이 없는 사람들의 중요한 양식으로 자리 잡았다. 훗날 산업혁명에 필요한 값싼 노동력을 공급할 수 있게 해준 숨은 조력자도 감자였다.

감자와 관련해 경제적·역사적으로 중요한 사건 하나가 아일랜드에서 발생했다. 아일랜드인들은 기근에서 벗어나기 위해 비교적 빨리 감자를 주식으로 받아들였다. 그런데 1845~1846년에 감자가 썩는 감자병이 심각하게 돌았다. 주식인 감자가 부족해지자 아일랜드에는 대기근이 발생했다. 당시에 굶어 죽은 아일랜드인이 100만 명이나 됐다. 기아에서 벗어나기 위해 아메리카로 이민을 선택한 아일랜드인도 100만 명이 넘었다. 한때 800만 명이었던 아일랜드 인구는 감자병이 발생하고 10년 후 4분의 1이나 감소했다.

　이처럼 감자는 유럽의 사람들을 굶주림에서 벗어나게 해주는 고마운 존재였지만 사람의 목숨까지 쥐락펴락하며 오히려 인구를 감소시키고 이민에도 영향을 미쳤다. 감자로 인해 경제가 출렁인 덕에 평가도 극과 극으로 다를 수밖에 없었다.


## ⊂ 중국의 패착 ⊃


나침반은 포르투갈과 스페인이 바다를 지배하는 데 중요한 역할을 했다. 하지만 나침반은 중국에서 먼저 발명됐다. 중국의 항해술 역시 유럽에 비해 결코 뒤지지 않았다. 예를 들어 중국 명나라(1368~1644)의 영락제는 정화(鄭和, 1371~1434)에게 함대를 이끌고 장거리 항해를 하도록 명령한 바 있다. 정화는 총 300여 척의 선박과 2만여 명으로 구성된 함대를 이끌고 동남아시아, 인도, 아라비아 반도를 거쳐 동아프리카까지 도달하는 데 성공했다. 이 장거리 원정은 바스쿠 다 가마가 인도에 도착한 것보다 80년 이상 앞서 이루어졌다. 그만큼 중국의 항해술이 뛰어났다는 방증이다.

　하지만 여기까지였다. 영락제의 뒤를 이은 황제들은 대양 항해를 금지하고 선박들을 파괴해버렸다. 명나라는 농업을 국부의 원천으로 삼았으며 상업에는 소극적이었다. 이러한 정책을 전개한 배경으로 유교의 영향, 재정적 어려움, 해양 운송의 중요성에 대한 인식 결여 등 다양한 요인이 제기되고 있지만, 분명한 사실은 바다를 멀리한 탓에 세계를 지배할 기회를 놓쳤다는 점이다.

중국의 기술을 잘 활용해 힘을 키운 유럽이 세계를 지배할 동안 중국은 세계의 중심에서 멀어졌고 미개발국으로 전락했다. 시간이 더 흘러 서구 제국주의의 침략 대상이 되고 말았다. 자신들의 발명품이 치명적인 부메랑이 돼 돌아왔다면 지나친 비약일까.

# 토지가 없어도 부를 축적하는
# 새로운 패러다임의 등장

## ⊂ 상업에서 나타난 획기적 변화 ⊃

산업혁명(Industrial Revolution)을 들어보지 못한 사람은 한 명도 없으리라. 반면 상업혁명(Commercial Revolution)이란 말을 들어본 사람은 별로 없을 듯하다. 산업혁명은 기술과 제조과정에서 획기적인 변화가 나타난 일련의 사건을 말한다. 상업혁명은 신항로 개척의 결과 유럽의 상업 영역이 전 세계로 확대된 '획기적인' 변화를 이르는 말이다. 시기적으로는 상업혁명이 산업혁명에 앞서 16세기에 발생했다.

상업혁명에 힘입어 세계 경제의 역사에 '획기적인' 변화가 이루어졌으며 막대한 부를 축적한 부르주아들이 탄생했다. 토지를 소유하지 않더라도 부를 축적할 수 있는 새로운 패러다임이 등장한 것이다. '혁명'이라는 표현까지 가능하게 해준 상업에서의 '획기적인' 변화는 무엇이었을까?

## ⊂ 베네치아에서 리스본으로 ⊃

상업혁명의 첫 번째 변화는 동서 무역의 중심지가 지중해에서 대서양으로, 보다 구체적으로는 베네치아에서 리스본으로 이동했다는 점이다. 이러한 무역 중심의 이동에 대해서 역사학자 클러프(S. B. Clough)는 "고대에는 경제 활동의 중심이 그리스에서 로마로, 중세에는 로마에서 비잔틴으로, 20세기에는 서유럽에서 미국으로 이행한 사실과 맞먹는 의미가 있다"고 평가하고 있다.

포르투갈은 15세기 말에 인도 항로를 개척한 데 이어 16세기에는 브라질 그리고 중국과 일본까지 진출하는 데 성공했다. 임진왜란 때 우리를 괴롭혔던 서양식 총을 일본에 전파한 것도 포르투갈이 아니었던가. 유럽의 어느 국가도 넘볼 수 없는 확고한 우위를 점한 포르투갈은 동양과의 무역에서 타의 추종을 불허하는 독점력을 지닐 수 있었다.

동양과의 무역에서 중심지가 리스본으로 이동한 것은 단순히 지리적 이동이라는 현상 이상의 의미를 지닌다. 그 이전까지 무역은 이슬람 회교도의 손을 거쳐야 하므로 큰 제약을 받았다. 하지만 무역의 중심이 이동함으로써 새로운 차원에서 유럽 무역이 발전할 수 있는 계기가 됐다.

신항로 개척이 왕실의 적극적 지원을 받아 이루어졌으니 동양과의 무역 역시 국가의 적극적인 개입에서 벗어날 수 없음은 당연했다. 포르투갈 왕실은 동양과의 무역에 대해 독점권을 행사했다. 동양에서 수입된 물건은 리스본 주재 관리의 손을 거친 후 국내외 상인에게 공급됐다. 왕실은 상인들의 활동을 적극적으로 지원해주는 대신 막대한 재정을 챙겼다.

하지만 역사적으로 포르투갈의 영화는 오래 지속되지 못했다. 왕실의 독점 체제에 여러 가지 부작용이 따른 탓이다. 독점에 따른 높은 가격, 많은 세금 부담 등을 회피하기 위해 밀무역이 성행했으며, 왕실 관리의 사리사욕으로 부정부패가 심했다. 포르투갈의 취약한 국내 생산 기반도 독점 지위를 오래 유지하지 못하게 만든 요인이었다. 포르투갈은 동양과의 무역으로 많은 이윤을 얻었지만 돈의 대부분은 다른 유럽 국가의 물건을 수입하는 대가로 유출돼버렸다.

독점은 항상 많은 문제를 낳는다. 독점 권력을 쥐고 있는 측도 일시적으로는 좋겠지만 결코 오래 지속되지 못한다. 이는 경제학의 준엄한 경고이자 역사적으로도 입증된 사실이다.

## ⊏ 유럽에서 세계로 ⊐

상업혁명의 두 번째 획기적인 변화는 유럽의 교역 범위가 동양, 아메리카, 아프리카까지 확대됐다는 사실이다. 당시 유럽보다 더 발달된 문명을 가지고 있었을 뿐만 아니라 인구가 밀집해 있던 동양이 유럽과 더 빠르게 더 직접적으로 연결됨으로써 유럽 상권이 대폭 확대됐다. 또한 유럽인들이 아메리카 대륙으로 대거 진출했으며 아메리카 대륙을 유럽의 상권으로 편입시켰다.

말 그대로 유럽의 상업이 본격적으로 '글로벌'한 범위에서 이루어지기 시작했다. 오늘날 우리가 자주 사용하는 '글로벌'한 세상, '세계화'의 시작점이라 할 수 있다.

상업권의 확대는 단순히 지리적으로 교역 범위가 확장된다는 의미에서 그치지 않는다. 시장 확대는 수요 확대를 뜻한다. 따라서 기존의 수공업에 의한 생산으로는 시장 수요를 따라가기 힘들어졌음을 의미한다. 대량 생산이 필요한 시점이 온 것이다.

또한 아시아, 아메리카, 아프리카, 유럽이 밀접한 교역 관계를 맺었다는 의미도 있다. 유럽은 동양에서 향료를 수입하기 위한 대가로 금이나 은을 지불했다. 하지만 당시 유럽에는 금, 은이 희소해서 향료를 수입하고 싶어도 수입하기 어려운 처지였다. 당연히 향료 가격이 매우 비쌌다.

이런 상황에서 아메리카에서 발견된 대규모의 금광과 은광은 극심한 가뭄 끝의 단비 같은 존재였다. 마구잡이로 금과 은이 유럽

돈이 사회를 흔들다, 투자와 투기

으로 유입됐으며 그중 상당량이 향료 수입의 대가로 동양으로 흘러갔다. 이는 유럽 경제에서 '가격혁명'이라는 또 하나의 중요한 변화가 발생하는 원인이 됐다.


## ⊏ 귀족에서 중산층으로 ⊐

상업혁명의 세 번째 획기적인 변화는 거래하는 상품의 양이 대폭 늘어났고, 새로운 상품이 대거 무역에 등장했다는 점이다. 기존의 동양과의 교역은 육상 수송에 의존하는 탓에 거래량이 크게 늘어날 수 없는 근본적 한계가 있었다. 그래서 부피가 작고 가격이 비싼 향료 같은 상품이 주로 거래됐다.

그러나 신항로가 개척되고 대형 선박이 건조된 덕분에 상대적으로 안전한 대규모 해상 수송이 가능해졌다. 그 결과 무게나 부피가 큰 상품도 교역의 대상으로 속속 편입돼 무역 규모와 거래량 모두 크게 확대됐다.

이로 인해 유럽 시장의 특성이 근본적으로 바뀌었다. 교역량이 적었던 시절에는 수입되는 물건이 주로 귀족층에 판매됐고 중산층이 구입할 수 있는 물건은 드물었다. 거래되는 물건도 귀족을 위한 사치품이 주를 이루어 시장이 더 크게 성장하는 데 한계가 있는 구조였다.

그러나 거래량이 증가하고 신상품이 수입되면서 중산층이 시장

의 중요한 수요자 지위를 차지하기 시작했다. 중산층을 대상으로
한 수입품이 많아졌으며 소비 대상도 생존을 위한 필수품에서 점
차 기호품으로 변모했다.


## ⊏ 심지어 노예무역까지 ⊐

16세기에 유럽 경제와 무역을 주도했던 포르투갈과 스페인의 위세
는 오래 지속되지 못했다. 네덜란드, 영국, 프랑스 같은 국가가 속
속 항해술을 습득하고 군사력을 확충하면서 17세기에는 포르투갈
과 스페인의 자리를 대체하기 시작했다. 특히 네덜란드와 영국은
동양과 아메리카에 직접 진출해 교역하며 국력을 확장했다.

이들은 열대 지방에 대규모 농업 농장인 플랜테이션(plantation)
을 개발했다. 영리를 목적으로 하는 상업용 농장이다. 사탕수수, 담
배, 목화, 코코아, 목재 등 유럽에서 인기가 좋아 많은 이윤이 보장
되는 작물을 중점적으로 재배했다. 비옥한 토지 덕분에 생산성이
좋았으며, 유럽인의 기술력과 자본까지 결합돼 플랜테이션의 수익
성은 뛰어났다.

문제는 플랜테이션에서 농사를 지을 노동력의 확보였다. 노동
력을 저렴하게 구할 수 있다면 금상첨화였다. 무더위 속에서의 노
동이 여간 힘들지 않았으므로 유럽인들은 저임금 노동을 하지 않
으려 했다. 농사를 지어줄 값싼 노동력으로 가장 먼저 떠올린 후보

는 그 지역의 원주민들이었지만 여기에도 사정이 하나 있었다.

　유럽인들이 아메리카 대륙을 점령하고 상품을 유럽으로 들여올 때 감염병도 함께 가져왔다. 천연두나 홍역 등에 대한 면역력이 전혀 없었던 아메리카 대륙의 원주민(인디오)들은 속수무책으로 목숨을 잃었다. 스페인에 정복당하고서 불과 수십 년 만에 인디오의 90퍼센트가 사망했다. 한 기록에 의하면 16세기 멕시코 중부의 인구가 1700만 명이었는데 17세기 초에는 100만 명 정도로 급감했다고 한다. 14세기 유럽을 휩쓸었던 흑사병 재앙이 2세기 뒤에 아메리카 대륙에서 재현된 것이다. 아이들이 속절없이 목숨을 잃자 인디오는 아이를 낳지 않으려 했다고 한다. 그러니 원주민만으로는 노동력을 충분히 확보할 수 없었다.

　이에 유럽인들은 식민지로 개척한 아프리카의 흑인에게 눈을 돌렸다. 당시 노예무역은 일반적으로 삼각 무역 방식을 따랐다. 유럽 상인은 총, 술, 목걸이, 옷감, 거울 등을 아프리카에 건네주고 노예를 받았다. 노예는 서인도 제도나 아메리카 대륙의 플랜테이션으로 팔렸다. 그 대가로 받은 사탕수수, 담배, 고무, 커피 등은 유럽으로 흘러갔다.

　인간을 하나의 상품처럼 시장에서 거래하는 일이 고대도 아닌 시대에 재개된 것이다. 대서양을 건너는 몇 달 동안 쇠사슬에 묶인 채 갑판 아래에서 지내야 했던 노예들은 많게는 3분의 1이 생명을 잃었다. 이러한 인명 손실에도 불구하고 노예무역은 유럽 상인에게 수익성이 좋은 사업이어서 중단되지 않았다. 300년 동안 아프리카에서 팔려 나간 노예의 수가 무려 2000만 명이다. 대서양에 떠 있는 노예선 안에서 사망한 흑인만도 수백만 명이다. 아프리카를 떠나기 전에 잡히거나 수감 상태에서 사망한 노예까지 포함하면 그 수는 훨씬 많다.

무역 확대 또는 상업혁명 속에서 결코 달갑지 않고 다시는 발생해서는 안 되는 무역이 이루어진 것이다. 노예 덕분에 유럽은 경제적 번영을 누렸지만 인간을 부정하는 노예 거래가 그 밑바탕에 있었다. 영국은 1808년에 노예 제도를 폐지했다. 이보다 앞선 1777년에 미국 버몬트주가 노예 제도를 폐지했지만 미국 전역에서 노예 제도가 폐지된 것은 남북전쟁에서 북부가 승리한 19세기 후반의 일이다.

노예를 대신할 새로운 노동력을 찾던 서양 세계는 인구가 많은 중국과 인도로 눈을 돌렸다. 뒤늦게 일본도 노동력을 찾는 일에 가세했다. 수많은 아시아인이 고향을 등지고 각자의 꿈을 찾아 미지의 세계로 이민을 떠나 저임금의 계약제 일꾼으로 생산 활동에 나섰다.

# 나라에 금과 은이 많으면 부자가 될 줄 알았다

## ⊂ 황금을 가진 자, 모든 것을 성취한다 ⊃

신항로 개척에 힘입어 포르투갈과 스페인이 유럽 경제의 주도권을 양분했지만 아메리카 대륙의 지배권에서는 스페인의 영향력이 압도적이었다. 포르투갈은 아메리카의 브라질을 지배하는 데 그친 반면 스페인은 나머지 지역을 장악했다. 그리고 아메리카 대륙을 지배한 스페인은 그곳에 매장돼 있는 엄청난 양의 귀금속을 독차지하는 행운을 누렸다. 금이나 은은 곧바로 화폐나 마찬가지였다.

유럽이 동양에서 수입해 온 다양한 물건들을 사들일 때 가장 중요한 지불 수단은 당연히 금이나 은이었다. 유럽 각국은 금과 은을 확보하기 위해 혈안이 됐으며 기회만 있으면 금과 은을 캐냈다. 하지만 매장량에는 한계가 있는 법. 15세기 중반 정도에 이르자 유럽의 금광이나 은광은 고갈 상태에 이르렀다. 상업 발전과 인구 증가로 금과 은에 대한 수요가 크게 늘어났지만 공급이 따라가질 못해 늘 부족한 상태였다.

콜럼버스가 탐험에 나선 첫 번째 목적도 금이었다고 한다. "황금을 가진 사람은 세계에서 자기가 원하는 모든 것을 만들고 성취할 수 있으며, 영혼까지도 천국에 보낼 수 있다"는 것이 콜럼버스를 비롯한 당시 사람들의 보편적 시각이었다.

스페인의 금 약탈 행보는 16세기 전반 아즈텍 제국과 잉카 제국을 차례로 정복하면서 절정에 달했다. 원주민이 보유하고 있던 금과 은이 고갈되자, 스페인은 금광과 은광을 개발하는 쪽으로 방향을 선회했다. 마침내 16세기 중반에 볼리비아, 멕시코 등지에서 대규모 은광을 발견했다. 때마침 독일에서 수은아말감 제련법이 개발되면서 아메리카에서의 은 생산량은 급증했다.

스페인은 채굴 작업에 원주민 노동력과 아프리카 흑인 노예를 투입했다. 노예 노동을 투입했으니 채굴비는 0에 가까웠다. 이렇게 생산된 금과 은은 스페인으로 이송됐으며 국왕은 로열티로 5분의 1세를 거뒀다.

16세기 초에는 유럽에 유입된 귀금속 중 대부분이 금이었지만 1530년대부터 17세기 초까지는 은의 유입이 급증했다. 그러다가 17세기 중반이 되면서부터는 유럽으로의 금과 은의 유입은 크게 줄어들었다.

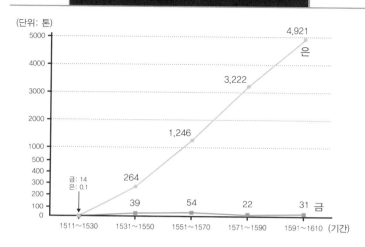

## ⊂ 금과 은의 정거장이었던 스페인 ⊃

16세기 스페인을 최강의 자리에 앉게 해준 일등 공신은 금과 은이었다. 당시 스페인 국왕이었던 카를로스 1세는 세계 최강의 군주였다. 금과 은 덕분에 스페인은 장기적으로 유럽 경제를 지배할 수 있는 좋은 기회를 얻었지만, 경제 성적은 신통치 않았다. 스페인으로 유입된 금과 은이 유럽의 다른 국가나 아시아로 속속 유출된 탓이다. 스페인은 그저 금과 은이 잠시 머무르는 장소였다.

  스페인 국내 경제의 기반이 취약했다는 데서 그 원인을 찾을 수 있다. 스페인은 기본적으로 농업 국가였다. 올리브와 올리브유, 포도와 포도주, 양과 양모가 경제를 지탱하는 상품들이었다. 하지만 농업의 생산성이 높은 편이 아니어서 아메리카에서 유입된 금과 은이 스페인을 강국으로 유지시켜준 유일한 수단이었다.

스페인은 어쩔 수 없이 유럽의 다른 국가로부터 많은 공산품을 수입해야 했다. 수입품에 대한 대금 지급과 계속되는 전쟁 경비 지출 등으로 금과 은은 대부분 영국, 프랑스, 네덜란드, 이탈리아 등의 유럽 각국과 아시아로 빠져나갔다. 유럽의 다른 국가들은 스페인으로부터 들어온 금과 은 덕분에 경제 규모를 빠르게 키울 수 있었다.

왕실의 사치와 정책 실패도 문제였다. 가만히 앉아서 대량의 금과 은을 확보한 스페인 국왕과 교회는 금에 도취됐고 사치와 낭비 생활에 빠져들었다. 금으로 화려하게 장식된 교회나 성당도 이때 다수 건축됐다. 엄청난 금과 은이 스페인으로 들어왔지만 스페인 왕실의 국고는 텅텅 비었다. 국민들도 허영심에 물들었고 생산적인 활동을 소홀히 하는 부작용이 나타났다. 이래저래 스페인은 강국의 위치를 유지하기가 힘들었다.

물론 역사적으로 보면 오늘날 스페인 사람들은 자신들의 사치스러운 조상에게 감사해야 할지도 모르겠다. 당시의 화려한 생활과 교회가 오늘날 세계적으로 유명한 관광 상품이 돼 관광객을 불러 모으고 외화벌이에 일등 공신이 되고 있지 않은가. 오늘날 스페인의 관광 산업은 국내총생산의 15퍼센트에 이른다. 미국을 제치고 세계 2위의 관광 대국에 올랐으며 세계 1위 프랑스에 도전장을 내밀 정도다.

## ⊏ 스페인을 파국으로 이끈 가격혁명 ⊐

16세기에 유럽 대륙으로 금과 은이 대량 유입되자 유럽 경제에 큰 파장이 일었다. 금과 은을 화폐로 사용하고 있던 유럽 경제에 통화량이 많아졌기 때문이다. 당시 유럽의 화폐 공급량이 3배가량 증가했다고 한다. 상품의 생산량이 증가하는 속도보다 금과 은의 공급 확대 속도가 더 빨랐다. 상품보다 화폐의 양이 많으면 물가가 오르는 법이다. 실제로 유럽에서는 물가가 급등하는 가격혁명(price revolution)이 나타났다.

물가 상승을 가장 먼저 겪은 곳은 16세기의 스페인이었다. 물가가 3배 상승했다. 가파른 물가 상승은 스페인 경제를 파국으로 이끌었다. 가난한 스페인 국민들은 생필품조차 구하지 못했으며, 가뜩이나 취약했던 스페인의 수출 경쟁력은 영국이나 프랑스에 비해서 더욱 나빠졌다.

한때 세계를 지배했던 스페인의 무적함대가 1588년의 해전에서 영국에 의해 처참하게 격침됨으로써 해상의 지배권이 영국과 네덜란드로 옮겨갔다. 이후 스페인 경제는 본격적으로 내리막길을 걸었다.

# ⊏ 유럽 각국의 상공업을 성장시킨 가격혁명 ⊐

스페인으로 유입된 금은 대부분 유럽의 여러 국가로 유출된 탓에 스페인에서 발생한 가격혁명은 유럽 전체로 파급됐다. 16세기에 프랑스 물가는 2.2배, 영국 물가는 2.6배 뛰었다. 인플레이션이 비교적 심한 현대 경제의 기준에서 볼 때 한 세기 동안 물가가 이 정도 오른 일이 그리 대단하지 않다고 볼 수 있지만, 물가가 거의 오르지 않았던 당시로서는 혁명이라고 표현할 만큼 대단한 변화였다.

화폐가 많아지자 유럽 사람들은 돈에 취하기 시작했다. 귀족들의 사치는 갈수록 심해졌다. 지금까지 유럽에 남아 있는 귀족들의 대저택이나 성, 호화로운 식기류 등을 보면 당시의 사치스러운 생활을 쉽게 짐작할 수 있다. 보통 사람들의 생활도 이를 따라가기 시작했다. 여유 있는 사람들은 비싼 옷을 사 입었으며 냅킨을 사용하기 시작했다.

금과 은의 대량 유입이 유럽 가격혁명의 주범이기는 하지만 유일한 요인은 아니었다. 이미 유럽에는 물가 상승을 유발하는 여러 요인이 있었다. 유례없는 인구 증가가 그 첫 번째 요인이다. 기록에 의하면 1540~1640년의 100년 동안 런던 인구가 무려 5배나 증가했다. 인구의 급속한 증가로 생필품에 대한 수요가 크게 증가했지만 생산이 이를 미처 따라가지 못했다. 그 결과 물건 가격이 많이 올랐다.

금과 은이 부족했던 영국에서의 악화(bad money) 주조도 물가 상승의 요인으로 작용했다. 낭비벽이 있었던 영국의 헨리 8세(Henry VIII, 1491~1547)는 주화를 제조하는 데 들어가는 은의 함량을 대폭 줄여 주화 공급량을 6배나 늘리는 편법을 사용했다. 은의 함량을 크게 줄인 악화, 즉 불량 돈으로 인해 화폐의 가치는 무려 6분의 1로 하락했다. 이에 따라 물가가 상승한 것은 당연하다. 이와 같은 상황에서 금과 은의 대량 유입은 마치 불에 기름을 끼얹은 꼴이었다.

## ⊏ 무르익기 시작한 자본주의 ⊐

유럽 각국에서 발생한 물가 상승은 스페인과는 다른 결과를 낳았다. 그 결과를 이해하기 위해서는 먼저 물가 상승, 즉 인플레이션으로 인해 누가 이득을 보고 누가 손해를 보는지를 이해해야 한다.

인플레이션이 심하게 발생하면 임금을 받는 노동자나 연금을 받는 퇴직자가 가장 손해를 본다. 이들이 받는 명목 소득의 실질 가치가 하락하기 때문이다. 돈을 빌려준 채권자도 손해를 본다. 반대로 이득을 보는 사람도 있다. 실물을 보유하고 있는 사람, 실물을 생산하는 기업, 돈을 빌린 채무자들이다.

이제 이와 같은 배경 지식을 가지고, 다시 당시의 유럽으로 가보자. 유럽 각국에서 물가 상승으로 어려움에 처한 사람들은 고정된 명목 금액을 받으며 생활했던 지주와 노동자 계층이었다. 지주의 경제적 어려움은 훗날 농업혁명의 배경이 된다.

반면에 가격혁명은 공업과 상업에 커다란 자극을 주었으며 상인, 제조업자, 자영농 등은 가격혁명의 혜택을 누렸다. 공산품 제조업자들은 노동자의 실질 임금이 하락한 만큼 이윤이 증가하는 효과를 얻었다. 유입된 금과 은 덕분에 사람들의 구매 욕구가 자극돼 상업 거래가 더욱 활발해졌고 상인들은 많은 부를 축적할 수 있었다. 시중에 통화량이 많아지자 금융 시장도 발달했고, 각종 투자(또는 투기)가 성행했다.

이러한 일련의 현상들은 봉건적 지배층의 경제 기반을 무너뜨린 반면에, 중산층이었던 상공업자들의 경제적 지위를 향상시켜주었다. 상공업자들이 획득한 이윤은 자본으로 축적됐으며 자본주의가 발전하는 데 필요한 자금 공급원이 됐다.

| 중상주의 |

# 부의 유출을 막기 위한
# 국가적 노력

## ⊂ 금과 은을 쌓으면 부자 국가 ⊃

경제와 상업이 발달하면서 유럽인들 사이에서는 금과 은이 매우 중요하다는 인식이 지배하기 시작했다. 이는 중금주의(bullionism) 사상과 일치한다. 중금주의는 금이나 은 같은 화폐가 국가의 부(wealth)를 의미하므로, 국가가 국력을 부강하게 만드는 길은 금과 은을 가능한 한 많이 획득하는 것이라고 믿는 사상이다.

더욱이 금과 은은 쉽게 소모되는 다른 물건과는 달리 사람들 사이에서 유통되더라도 그 나라 안에만 머무른다면 쉽게 소모되지 않는다는 성질이 있다. 그래서 사람들은 '금은 가장 믿을 만한 친구'라고 인식했다.

국민 국가의 왕은 국가를 유지하고 국민을 지배하기 위해 다수의 관료를 확보해야 했고, 대외적으로 독립을 유지하기 위해서 강한 군대도 양성하고 유지해야 했다. 모두 화폐가 많이 필요한 일이다. 금과 은 같은 화폐야말로 권력, 군사력, 경제력의 원천이라는 생각이 지배적일 수밖에 없었다.

문제는 어떻게 금과 은을 획득할 것인지였다. 16세기 포르투갈이나 스페인처럼 식민지 개척과 금광·은광 개발 및 약탈이 효과적인 방법 중 하나였지만 식민지를 확보하지 못한 유럽 국가로서는 실현 불가능했다.

그래서 찾은 대안이 무역과 상업이었다. 자국의 수출을 촉진하고 상업 발달을 통해 금과 은을 버는 방법이다. 이러한 목적에서 유럽 각국이 추진했던 각종 정책과 그러한 정책의 타당성을 뒷받침하기 위한 논리들을 중상주의(mercantilism)라 한다. 애덤 스미스가 《국부론》에서 사용하기 시작한 용어다. 시기적으로는 16~18세기의 약 300년 동안 유럽 각국에서 유행했다.

## ⊂ 무역 흑자로 금과 은 획득하기 ⊃

중상주의 무역 정책의 논리는 단순 명쾌하다. "수출은 늘리되, 수입을 줄여서 무역 흑자만큼 금과 은을 획득한다"는 것이다. 그 목적을 달성하기 위한 구체적인 수단들을 살펴보도록 한다.

돈이 사회를 흔들다, 투자와 투기

우선 수출을 늘리려면 좋은 품질의 물건을 많이 생산해야 한다. 이를 위해서 유럽 각국은 국내 산업을 발전시키기 위한 다양한 정책을 시도했다. 재래 공업을 육성하기 위해서 새 기술을 도입했으며 외국 기술자를 초빙해 자국민에게 기술을 전수해주었다.

공업 생산을 위해 원료를 안정적으로 공급하는 것이 필수이므로 원료의 유출을 막았다. 이를 위해서 원료에 수출 관세를 부과했다. 관세만큼 수출 가격을 높여 자국 원료가 해외 시장에서 팔리지 않도록 만드는 정책이다.

또 우수한 품질의 제품을 생산하기 위해 도량형을 통일시켰다. 무게, 길이, 양을 측정하는 단위가 다르면 상업 거래나 일정한 규격의 제품 생산을 방해한다고 판단한 결과다. 중국에서는 이미 진시황 시대에 도량형을 통일하는 정책을 전개했으니, 유럽의 도량형 체제가 얼마나 낙후됐는지 짐작해볼 수 있는 대목이다.

중상주의자들은 수출을 늘리려고 국내 소비까지 억제했다. 국내 소비가 많아지면 수출할 상품이 줄어든다고 판단했기 때문이다. 국내 소비를 억제하기 위해서 노동자의 임금도 오르지 못하게 묶어놓았다. 임금을 억제하면 생산비와 생산물의 가격을 낮게 유지할 수 있어 수출 증가에도 도움이 되는 일석이조의 효과를 거둘 수 있다. 수출품에 대해서는 수출 장려금을 지급하기도 했다. 이처럼 중상주의 정책의 목적은 국민의 소비 증진이 아니라 생산과 수출 증진에 있었다. 이런 이유로 애덤 스미스는 중상주의를 냉철하게 비판했다.

또한 중상주의자들은 수입을 최대한 억제했다. 수입 공산품에 대해서도 많은 관세를 부과했다. 그들에게 있어 국민들의 생필품을 외국에 의존하는 일은 한마디로 국가적 치욕이었다. 외국의 도움을 받지 않고 살아가는 것이 그들이 꿈꿨던 이상적 국가였다.

동시에 무역을 통해 어렵게 획득한 금과 은이 해외로 빠져나가지 못하게 철저히 통제했다. 예를 들어 영국은 외국 상인이 영국에서 획득한 화폐를 외국으로 유출하는 것을 금지하고 영국 상품의 구입에만 사용하도록 규제했다.

해운업에도 주목했다. 물자를 수송할 때 외국 상선을 이용하면 그만큼 부가 유출된다. 이는 경제 자립이라는 목표에 정면으로 배치되는 일이었다. 유럽 각국이 해운업의 보호 육성에 앞장섰음은 두말할 필요가 없다. 안전한 바닷길을 보장하기 위해 강한 해군을 보유했으며 해상 패권을 장악하려고 전쟁도 마다하지 않았다.

유럽 각국은 상업을 적극 장려했다. 국내 생산에 필요한 원료를 국내는 물론 해외에서 원활하고 저렴하게 조달해 활용하고 국내 수공업자들이 만든 생산품을 비싸게 팔아 부를 축적할 수 있는 핵심 수단이 바로 상업이라고 보았기 때문이다. 외국과의 무역에 종사하는 상인을 국가 차원에서 보호해줬고 일부 무역회사에 대해서는 특권도 보장해줬다.

## ⊂ 이웃을 거지로 만드는 무역 정책 ⊃

수출은 장려하고 수입을 제한하는 중상주의의 보호무역 정책은 자국의 입장에서 본다면 바람직한 정책일 수 있다. 그러나 무역은 혼자서 하는 거래가 아니다. 무역에서의 흑자주의 정책은 상대국의 적자를 전제로 하므로 이를 순순히 받아들일 교역 상대국은 없다. 애덤 스미스의 표현을 빌리면 "중상주의는 이웃 국가를 거지로 만드는 정책"이다.

중상주의에서는 "한 국가의 이익＝상대국의 손실"이라는 등식이 성립하므로 유럽 각국 사이에 치열한 상업 및 무역 전쟁을 피할 수 없었다. 이 전쟁에서 밀리면 국가의 운명이 달라질 수 있었다. 한 치의 양보도 없이 유럽 각국은 팽팽히 맞섰다. 그 결과는 불을 보듯 뻔했다. 국가 사이의 대립을 격화시킬 뿐이었다.

사활을 건 상업 전쟁은 식민지 쟁탈 전쟁으로 이어졌다. 유럽 안에서는 자국의 상품을 수출하는 데 한계가 있었으므로, 각국은 새 수출 시장을 개척하기 위해서 앞다투어 식민지 개척에 나섰다.

식민지는 유럽 국가에게 상당한 경제적 가치를 가져다줬다. 자국에 대한 원료 공급처이자 그 원료를 이용해서 생산한 자국 제품의 판매처가 될 수 있기 때문이다. 식민지에서는 원료나 1차 공산품의 생산만 유도했으며, 본국과 경합 관계에 있는 공산품의 생산은 억제함으로써 자국 수출 상품을 마음껏 팔았다.

# 세 나라가 꿈꾸는
# 서로 다른 돈의 색깔

## ⊂ 국내 산업 기반이 취약했던 네덜란드 ⊃

17세기에 스페인의 지배력이 약화되면서 유럽 경제의 강자로 떠오른 국가는 네덜란드, 프랑스, 영국이었다. 그중 시기적으로 네덜란드의 성장이 가장 앞섰다.

지리적으로 국토의 40퍼센트가 해수면보다 낮은 저지대로 구성된 네덜란드는 간척 사업으로 농경지를 넓혀갔다. 간척지에 튤립이나 채소 등 원예 작물을 심어 농업을 발전시켰지만, 곡물의 상당 부분을 수입에 의존해야 했다. 공업 생산에 필요한 각종 원료도 대부분 수입에 의존했으며 공업의 자립적 기반이 견고하지 못해 경제 발전에 한계가 있었다.

열악한 조건의 네덜란드는 상업과 바다에서 돌파구를 찾았다. 외국 상인을 차별하지 않고 국내 상인과 동등한 상업 활동의 자유를 보장해주자, 유럽 각국의 상인들이 네덜란드로 모여들었고 국제 상업 도시가 형성되는 등 경제 발전의 기반이 다져지기 시작했다.

열악한 조건의 네덜란드에도 비교 우위 분야는 있었다. 바다를 품고 있었던 지리적 위치 덕분에 바다와 관련된 분야, 즉 어업, 조선업, 해운업에서 다른 국가보다 앞서 있었다. 네덜란드는 비교 우위 산업을 바탕으로 동양과의 무역에서 두각을 나타내기 시작했다. 네덜란드 상인들은 외국 상품을 수입해서 국내에서 가공한 후 다시 수출하는 방식으로 이윤을 얻었다.

네덜란드도 중상주의 정책을 추구했지만 구체적인 정책 수단은 다른 국가와 사뭇 달랐다. 공업 생산 기반이 취약하고 주로 '중개 무역'이나 '가공 공업'에 의존한 탓에 수입 관세를 상대적으로 낮게 유지했다. 수입 원료에 많은 관세를 부과할수록 가공 후 수출하는 상품의 가격이 비싸져 국제 경쟁력을 잃기 때문이다. 또한 해운업과 무역을 지속적으로 발전시키는 데에도 관세는 방해 요소일 뿐이었다.

이처럼 17세기 네덜란드 번영의 기초는 상업과 무역이었다. 이에 비해서 공업은 국내의 자립 기반이 취약하고 '가공 무역'에 의존한 탓에 점차 경쟁국인 영국이나 프랑스에 밀리기 시작했다. 높은 대외 의존도 덕분에 빠르게 성장할 수 있었지만, 역설적으로 그 탓에 경쟁국에 비해 경제력이 빠르게 쇠퇴했다. 게다가 네 차례에 걸친 영국-네덜란드 전쟁(영란 전쟁)의 여파로 18세기에 경제적 우위를 영국에 넘겨주고 말았다. 이후 영국과 프랑스의 패권 분쟁이 시작됐다.


## ⊂ 세계 최초로 주식 거래를 한 네덜란드 ⊃

17세기 네덜란드를 이야기하면서 금융 시장을 빼놓을 수 없다. 네덜란드 경제 활동의 중심지였던 암스테르담은 유럽 중개 무역의 중심지이자 금융 중심지로 우뚝 섰다. 암스테르담에 설치된 상품 거래소에서는 상품뿐만 아니라 주식도 거래됨으로써 세계 최초의 주식 거래소라는 명예를 거머쥐었다. 역사적으로 유명한 튤립 투기가 발생한 곳도 네덜란드였음은 결코 우연이 아니다.

암스테르담 은행(Bank of Amsterdam)은 예금을 받고, 필요한 상인에게 자금을 대출해줬다. 한 사람의 화폐를 다른 사람의 계좌로 이체해주는 서비스도 실시하는 등 오늘날 은행이 하고 있는 기본 업무를 거의 모두 수행했다. 심지어 암스테르담 은행은 자체적으로 은행권을 발행하고 거래에 사용하게 함으로써 지폐의 시작을 알리기도 했다.

## ⊏ 국민의 경제 활동을 통제한 영국 ⊐

영국은 15세기까지 유럽에서 경제적으로 이렇다 할 지위를 차지하지 못하고 있었다. 인구 감소, 공업 활동 위축, 무역 정체 등으로 유럽의 변방에 불과했다.

16세기에 들어서면서부터 영국 경제는 눈에 띄게 발전하기 시작했다. 인구가 증가하고 농업, 공업, 상업이 비교적 고르게 발달한 덕분이었다. 영국 공업 발전의 주축은 모직물 공업이다. 한때 영국의 수출액 가운데 절반이 모직물에서 나왔을 정도로 모직물은 영국 경제에서 중추 역할을 했다. 이 외에도 제철업, 유리 공업이 발달했고, 공업 생산의 원료였던 석탄업 등 광업도 중요했다. 이들 산업의 발달은 훗날 영국에서 산업혁명이 발생하는 초석이 됐다.

영국은 왕권을 확고히 하고 국력을 신장하기 위해서 이른 시기부터 중상주의 경제 정책을 시행했다. 16세기 튜더 왕조 때부터는 중상주의 정책을 더욱 강력하게 추진했다. 외국 상인을 축출하고 영국 상인들이 자주적으로 외국과의 무역에 나서도록 유도했다. 국내 공업을 육성하기 위해서 양모 같은 원료의 수출을 아예 금지하는 동시에 국산 제품의 수출은 적극 장려했다.

국민들에게는 국산품 애용을 장려했고 숙련공의 해외 이주를 금지했다. 수출 상품의 경쟁력 확보를 위해 품질을 엄격하게 관리하고 무역 발전을 위해 해군력 강화, 해운업 육성, 식민지 획득 정책도 실행했다.

## ⊏ 점차 커지는 상공업자와 지주의 목소리 ⊐

영국의 중상주의 정책은 1640년에 발생한 시민혁명을 계기로 크게 달라졌다. 왕실과 국가의 통제를 받으면서도 꾸준히 성장해온 영국의 상공업자들은 시민혁명을 통해서 왕권과 결탁해 특권을 누리고 있던 계층을 누르고 승리를 쟁취했다. 시민혁명의 결과 영국의 왕권이 크게 제한받기 시작했으며 절대주의 체제가 붕괴했다. 대신 상공업자 계층과 지주 계층이 지배하는 의회가 권력의 중심이 됐다.

새로운 지배자가 된 상공업자와 지주 계층이 중상주의 자체를 버린 것은 아니었다. 다만 스스로의 이익을 위한 새로운 중상주의 정책을 썼다. 상공업자 계층은 프랑스로부터의 수입 금지, 식민지 시장 개척 지원, 수입품에 대한 높은 관세율 등의 정책으로 국내 공업을 보호했다. 지주 계층은 곡물 수출은 허용하되 수입하는 곡물에 대해서는 높은 관세를 징수하도록 곡물법(Corn Laws)을 제정함으로써 스스로의 이익을 확보했다.

영국은 네덜란드의 해운에 대항하고 자국의 해운업을 보호·육성하기 위해 항해법(Navigation Acts)까지 만들었다. 신설된 법에 따라 영국 식민지에서는 상품을 수출할 때 반드시 영국 상선이나 식민지 선박을 이용해야 하는 등 영국 상인을 지원하는 조항이 담겨 있다. 이 외에 영국은 모직물법(Woolen Act), 모자법(Hat Act), 철법(Iron Act)을 발포해 아메리카 식민지에서 이들 상품을 아예 수출하

돈이 사회를 흔들다, 투자와 투기

지 못하도록 했다. 모두 본국 공업에 대한 원료 공급지이자 본국 공업제품의 판매 시장으로 식민지를 활용하기 위한 목적이었다.

항해법의 주요 내용

- 선장과 선원의 절반 이상이 영국인인 선박을 영국 선박으로 본다.
- 영국이나 영국 식민지로 수입되는 상품은 영국 선박으로 운반돼야 한다.
- 영국의 미국 식민지에서는 영국 선박으로만 상품을 수출할 수 있다.
- 담배, 설탕, 면화, 코코아, 모피 등은 반드시 영국이나 영국 식민지에 수출돼야 한다.
- 원산국 선박에 의해 수입된 상품에 대해서는 고율의 외국인 관세를 부과한다.
- 식민지의 상인과 대리인은 영국인이어야 한다.

## ⊂ 경제적 통합이 이루어지지 못한 프랑스 ⊃

프랑스는 17세기에 비로소 유럽의 강력한 경제 세력으로 부상하기 시작했다. 프랑스는 유럽에서 국토가 가장 넓고 인구도 많아 영국이나 네덜란드에 비해 경제 성장 잠재력이 월등하게 큰 나라였다. 그러나 백년전쟁 등 연이은 전쟁과 사회적 혼란 때문에 잠재력을 발휘하지 못해 유럽에서 뒷전으로 밀려났다. 또 지역 간 이동에 관세가 부과되고 있었으며 도량형이 지역별로 차이가 나는 등 국내 경제 여건도 좋은 편이 아니었다.

상인 계층이나 지주 세력이 강력해 이들의 입장을 대변하는 중상주의 정책이 전개됐던 네덜란드나 영국과는 달리, 프랑스에서는 상인 계층의 힘이 상대적으로 취약했다. 절대군주의 힘도 압도적이어서 국왕의 권력에 누구도 대항할 수 없다는 왕권신수설이 여전히 지배적이었다. 그런 덕분에 같은 중상주의라 하더라도 프랑스에서는 정부가 주도하는 위로부터의 중상주의 정책이 가장 강력하게 추진됐다.

프랑스 경제를 크게 발전시킨 이는 중상주의 정책을 체계적이고 강력하게 추진한 장 밥티스트 콜베르(Jean-Baptiste Colbert, 1619~1683)였다. 중상주의를 논할 때 콜베르의 정책을 빼놓을 수 없다. 심지어 어떤 사람은 중상주의를 '콜베르주의'라고까지 표현한다.


⊂ 국가에 돈을 적게 바친 자는 다른 거라도 더 내라 ⊃


콜베르는 루이 14세의 재상이었다. 콜베르가 재상에 취임할 때만해도 많은 프랑스 사람들이 기아를 경험하고 있었고 왕실 재정은 전쟁과 사치로 인해 고갈 상태였다. 무역과 해운업은 네덜란드보다 뒤처져 있었다.

콜베르의 당면 과제는 국고를 확충하는 일이었다. 그는 국고 상태는 국민의 납세액에, 납세액은 국내 화폐량에 달려 있다는 판단하에 외국으로부터 획득한 화폐를 유출하지 못하게 차단했다. 국민이 많아지면 세금을 더 많이 거둘 수 있다는 생각에서 인구 증가를 위한 정책도 펼쳤다.

또한 상업과 공업을 발전시켜야 고용을 창출할 수 있고 화폐 수입을 늘릴 수 있다고 판단했다. 그래서 콜베르는 공업 발전에 도움이 된다고 생각한 모든 정책을 실천에 옮겼다. 기업에 독점권을 부여하고 보조금 지급, 외국 기술자 초빙, 무이자 혜택, 종교 자유의 보장, 공업용 토지와 물자의 우선 확보, 군역 면제 등 각종 편의를 제공했다. 그 대신 콜베르는 기업에 철저한 품질 관리를 요구했으며 규격도 통일시켰다.

이를 계기로 프랑스의 사치품 공업이 크게 발전했다. '메이드 인 프랑스'임을 인정받은 양탄자, 가구, 실크, 고급 의상 등은 최고 품질로 손꼽히며 유럽 내 최고 인기를 누렸다. 그 명성은 지금까지 이어지고 있다. 하지만 사치품 중심의 공업 발달에는 한계가 있었다. 사치품에 대한 수요는 소수 귀족 계층에 한정됐기 때문이다. 대중의 필수품이었던 모직물 공업으로 발전한 영국 경제와는 차이가 있었다.

상업의 중요성을 인지한 콜베르는 상업 발전을 저해하던 여러 제도를 과감히 철폐·개선했다. 지역마다 달랐던 도량형을 통일했고 통행세를 없앴다. 국내 관세와 곳곳에 있던 검문소를 없앴으며 운하를 건설했다.

콜베르의 중상주의 정책에 힘입어 프랑스 경제도 상당히 발전했지만, 유럽 최고의 자리로 올라서지는 못했다. 절대 왕권의 힘을 바탕으로 강력하게 추진했던 콜베르의 정책들은 일부 특권 계층의 자본 축적에만 도움이 됐을 뿐, 국민적인 산업자본의 축적으로 이어지지 못한 탓이다. 그 덕분에 17세기까지 프랑스는 영국보다 뒤처진 상태였다.

하지만 프랑스도 18세기 중반에 이르러 비로소 산업자본이 크게 성장했다. 산업자본의 힘이 세지면서 일부 계층의 특권과 국가 차원의 통제를 반대하고 경제 활동의 자유를 주장하면서 프랑스 중상주의도 막을 내리게 됐다.

# '먹거리'는 곧 '돈'이라는
# 오래된 믿음

⊏ 이성의 빛으로 세상을 바꾼다 ⊐

태양왕으로도 불리는 루이 14세(Louis XIV, 1638~1715)의 권위를
상징하는 단 하나의 문장이 있다.

"짐이 곧 국가다."

당시 프랑스 절대 왕정의 특징을 이보다 잘 표현하기도 힘들다.
하지만 1789년에 채택된 프랑스 인권선언문에 있는 내용을 보면
프랑스에 엄청난 변화가 있었음을 알 수 있다.

"인간은 태어날 때부터 자유롭고 평등할 권리를 갖는다."

"주권은 본질적으로 국민에게 있다. 어떠한 단체나 개인도 국민으로부터 명시적으로 부여받지 않은 권리를 행사할 수 없다."

이와 같은 극과 극의 표현이 어떻게 같은 나라에서 나올 수 있었는지 의문이 들 정도로 프랑스에서는 급격한 변화가 일어났다. 바로 그러한 변화에 중대한 영향을 끼친 것이 계몽주의였다. 계몽주의(Enlightenment)는 영어로 "빛을 발하여 사람들을 깨우침"이라는 의미를 가졌다. 프랑스어로는 뤼미에르(Lumières)라고 하는데 이역시 '빛'이라는 뜻이다. '이성'이라는 빛으로 세상의 어두움을 바로잡는다는 사상이다.

계몽주의는 기존의 절대주의 세계관에 맞서 신, 자연, 인간, 이성 등에 대해 개념을 새롭게 정립했다. 사람들에게 이성적으로 생각하는 방법을 가르쳤으며 눈으로 본 것과 구체적으로 증명할 수있는 것만 믿어야 한다고 강조했다.

계몽주의 사상은 자본주의 시민 의식과 과학 기술의 발달에 기반을 두고 있다. 따라서 당시 자본주의가 가장 앞서 발전한 영국에서 로크, 흄 등에 의해 시작됐으며 프랑스에서는 몽테스키외, 볼테르, 루소 등에 의해 급속히 발전·전파됐다.

당시 프랑스에서는 왕실, 귀족, 성직자가 국토의 90퍼센트를 차지하고 있었으며 막강한 권력으로 시민을 착취하고 사치를 일삼았다. 강력한 중상주의 정책으로 인해 프랑스 시민의 삶은 피폐해졌으며 각종 규제에 묶여 자유로운 생산 활동도 제약을 받았다. 농민은 과중한 세금에 시달렸고 보수 없이 국가가 추진하는 공사에 노동력을 착취당해야만 했다.

이러한 상황에서 계몽 사상을 접한 프랑스 시민의 불만은 자연스럽게 극으로 치달았다. 우리에게 널리 알려진 프랑스의 사상가들도 목소리를 높였다. 프랑스 철학자 몽테스키외는 "권력은 자연적으로 썩어 부패가 필연이므로 권력은 분산돼야 한다"라는 말과 함께 삼권분립을 주장했다.

프랑스 문학가 볼테르도 "타락한 교회와 낡아빠진 제도를 타파해야 하며, 표현의 자유가 보장돼야 한다"고 외쳤다. 루소는 "인간은 자유롭게 태어났지만 도처에서 쇠사슬에 묶여 있다. 자유롭고 평등하게 태어난 인간은 왜 불평등해지는가?"라면서 문제를 제기했다.

이러한 계몽주의 사상을 접한 프랑스 시민들은 신분제라는 고정 관념의 틀에서 벗어나 세상을 직접 바꾸고자 시민혁명을 일으켰고 결국 프랑스 인권선언문을 채택하기에 이르렀다.


⊏ 의사에서 경제학자로 ⊐


프랑스에서 계몽주의 사상에 심취한 의사가 한 명 있었다. 루이 15세와 그 부인의 주치의였던 프랑수아 케네(François Quesnay,

1694~1774)다. 원래 의사였던 그는 방대한 독서량과 타고난 호기심 덕분에 다양한 분야에 두루 관심을 가졌다. 그중에는 경제도 있었다. 시간이 흐르면서 케네는 오히려 의학보다 경제학에 더 심취하게 됐다.

계몽주의 사상의 영향을 받은 케네는 경제 분야에 이를 접목시켜 경제를 자연의 법칙으로 이해해야 한다고 생각했다. 저녁에 서쪽으로 넘어간 해가 다음 날 아침 동쪽 하늘에 다시 뜨듯이, 행성이 일정한 주기를 가지고 운행하듯이, 심장에서 나온 피가 온몸을 흐른 후 다시 심장으로 돌아오듯이, 화폐나 상품도 일정한 규칙에 따라 흐른다고 믿었다. 경제를 하나의 생물체로 인식하고, 경제 흐름을 혈액의 흐름에 비유한 그의 분석에는 의사라는 직업적 배경도 한몫했다.

행성의 주기나 혈액 순환에 장애가 생기면 재해가 발생한다. 케네는 일정한 규칙에 따라 움직이는 경제도 그와 마찬가지로 누군가 흐름을 방해하면 문제가 생긴다고 믿었다. 여기서 그의 자유주의 사상을 엿볼 수 있다.

케네는 경제 활동을 하고 있는 여러 계급 사이의 관계를 면밀히 분석한 후, 자연학적 규칙을 도출해냈다. 케네가 경제 생활의 규칙을 해부학적으로 분석한 그림이 바로 경제표(Tableau économique, 영어로 Economic table)다. '경제표'는 그가 64세에 저술한 책의 제목이기도 하다.

## ⊏ 에너지 원천을 제공하는 농민이 유일한 생산 계급 ⊐

케네는 경제 활동을 하는 사람들을 세 계급(class)으로 구분했다. 첫 번째 계급은 왕, 성직자, 귀족처럼 땅을 갖고 있는 지주로서 유산 (Proprietary) 계급이다. 두 번째 계급은 수공업자나 상인이 속한 비생산(Sterile) 계급이다. 마지막으로 생산(Productive) 계급으로, 지주의 땅에서 농산물을 생산하는 농민들이다. 그는 세 계급 사이에 존재하는 경제 활동의 규칙을 다음과 같이 정리했다.

농민은 1년 동안 모든 계급의 사람들이 먹을 수 있는 농산물을 생산한다. 이들은 수확한 농산물 가운데 자신들이 먹을 것을 남겨 놓고 나머지는 수공업자들이 만든 물건과 바꾸거나 지주 계급에게 지대나 세금으로 바친다. 지주들은 세금으로 받은 농산물을 식량으로 사용하거나 수공업자가 만든 물건과 바꾼다. 이것이 케네가 생각한 생산물의 흐름, 즉 경제 활동의 순환이다. 다시 말하면 케네의 경제표는 생산 계급, 비생산 계급, 유산(지주) 계급 사이에서 발생하는 농업 생산물의 생산, 교환, 재생산 그리고 그에 수반하는 화폐의 흐름과 관계를 정리한 것이다.

케네는 다양한 경제 활동 가운데 '순생산물(net output)'은 농산물뿐이라고 봤다. 자연이 제공하는 에너지를 사용해서 만드는 순수한 상품은 농산물뿐이며, 인간이나 동물이 발휘하는 모든 힘과 에너지의 원천이 농산물에 있다는 생각에서 비롯한 것이다. 그래서 농산물을 생산하는 농민만 '생산 계급'으로 분류했다.

케네의 경제표

수공업자도 생활에 필요한 물건을 만들기는 하지만 이는 단순히 '가공'에 불과하며, 농부가 생산한 농산물을 먹은 덕분에 일을 할 수 있었으므로 비생산적이라고 해석했다. 상인 역시 이미 생산된 물건을 구매해서 판매하는 사람에 불과하므로 부를 창조하지는 못하고 이미 만들어진 부를 생산자에게서 소비자에게로 넘겨주는 일(교환)을 할 뿐이라고 규정했다. 수공업자나 상인을 '비생산적'이라고 분류했다고 해서 쓸모없는 계급으로 봤다는 뜻은 아니다. 단

돈이 사회를 흔들다, 투자와 투기

지 순생산물을 생산하지 않는다는 뜻으로 받아들여야 한다.

케네에 의하면 농기구나 휴대전화를 만드는 일도 순수한 경제적 가치를 만들어내지 못한다. 단지 이미 존재하는 부의 형태를 변형시킨 것뿐이다. 그런 의미에서 이 책을 쓰고 있는 일이나 노래를 작곡하고 공연하는 일도 마찬가지다.

## ⊏ 농업을 경시하는 중상주의는 부를 축소시킬 뿐 ⊐

케네는 농업만이 국가의 부를 창조하는 생산적인 일이고, 상업과 공업은 비생산적이며 부의 원천이 될 수 없다고 주장했다. 농업을 중시하는 케네의 생각은 이후 다른 학자들에게도 전파됐다. 이들의 사상을 중농주의(physiocratie, 영어로는 physiocracy)라고 부른다.

중농주의는 소수 집단이 전체 토지의 절반을 소유하고 있고, 농산물이 전체 국부의 80퍼센트이며, 국민의 95퍼센트가 농촌에서 일하고 있던 당시 프랑스의 현실을 반영한 경제 이론이다. 중상주의를 강력하게 추진했던 프랑스에서는 공산품 수출을 위해 노동자의 임금을 낮은 수준으로 묶어두었다. 동시에 저임금 노동자들의 생계 유지를 위해 농산물 가격도 낮게 책정했으며, 가격 상승을 우려해 농산물 수출도 금지하는 등 농업에 대한 규제가 극에 달했다. 공산품 수출을 위해서 다른 국가보다 생산성이 뛰어난 프랑스 농업의 강점을 오히려 묶어버린 셈이다. 이러한 시대적 배경에서 농업의 중요성을 강조한 중농주의 사상이 탄생했다.

중농주의는 상업과 공업의 발전을 통해 금 획득을 강조했던 중상주의와 극명한 대조를 이룬다. 중농주의 학자들은 중상주의를 신랄하게 비판했다. 그들은 진정한 부를 창출시키지 못하는 상업이나 공업으로 농민 노동력을 전환시키는 정책은 결국 국가의 부를 축소시킨다고 주장했다. 따라서 농업 생산을 촉진해야 하며, 농산물 가격을 높게 유지하고 농민에 대한 세금을 경감하는 정책이 바람직하다고 역설했다. 반면 상업과 공업은 자유방임 상태로 놔두라고 주장했다.

또한 중상주의 정책을 따르려면 수입보다 수출을 많이 해야 한다. 즉, 수출을 위해 국내 소비량보다 더 많은 물건을 생산한다는 것이 전제로 깔려 있는 것이다. 하지만 프랑스에는 농산물 외에는 수출할 만큼 여력이 있는 물건이 없으므로 공산품에 의존하는 무역은 결코 부를 가져다주지 못한다고 지적했다.

## ⊂ 중농주의의 진가 ⊃

중농주의는 당시 개혁 세력의 지지를 받았지만 중상주의만큼 강한 영향력을 발휘하지는 못했다. 중농주의 정책의 역사도 짧았다. 귀족이나 성직자 같은 특권 계층의 저항에 부딪혀 널리 확산되지 못한 탓이다. 농업과 농업에 투입되는 노동만이 국가에서 부를 창출

돈이 사회를 흔들다, 투자와 투기

할 수 있다는 주장도 경제 이론 측면에서 불완전한 것이라는 영향도 컸다. 분명 상공업을 비생산적이라고 규정한 것은 오류다.

하지만 중농주의의 진정한 가치는 이후 경제학 이론 발전의 초석이 됐다는 데 있다. 특히 중농주의는 자유주의 사상을 확산시키는 공로자였다. 중농주의 학자들은 각 분야에서 각자의 경제 활동을 수행하게 만드는 동기는 곧 이기심이며, 사람들은 자신의 이익을 위해서 일할 때 더 열심히 일한다고 믿었다. 또 사람들은 다른 사람이 만든 것이 필요하므로 서로의 관계가 잘 지켜질 때 경제가 제대로 작동한다고 보았다.

따라서 경제의 자연 질서를 누구도 방해해서는 안 된다. 개인의 이익이 전체의 이익과 다르지 않은 것은 자연 질서이며, 사람의 인위적인 힘도 필요하지 않다. 서로의 이익을 위해 이루어지는 무역을 통제하는 정책은 사람들의 목적 달성에 방해가 될 뿐이다. 같은 맥락에서 농민들이 농산물을 자유롭게 사고팔 수 있도록 허용해야 한다는 것이 중농주의 사상의 자유주의적 개념이다.

어디선가 많이 들어본 내용이 아닌가? 그렇다. 애덤 스미스를 비롯한 자유주의 경제학의 맥락과 정확히 일치한다. 스미스가 자유주의 사상에 빠진 것은 결코 우연이 아니었다. 스미스는 프랑스에서 케네를 비롯한 중농주의 학자들과 만나 교류하면서 그들의 자유주의 사상을 접했다. 그 결과 스미스는《국부론》에서 신랄한 비판을 아끼지 않았던 중상주의와는 달리 중농주의에 대해서는 비교적 우호적으로 서술했다.

"중농주의 사상은 곳곳에 결함을 안고 있음에도 불구하고 경제학의 문제점에 대해 지금까지 발표된 것 가운데 진리에 가장 가까운 것을 말하고 있다. 그러므로 경제학을 연구하려는 사람이라면 이 사상을 깊이 있게 검토할 만한 가치가 있다. 토지에서 일하는 노동만이 유일하게 생산적이라고 보고 있다는 점에서 그들의 주장은 아마도 너무 편협하고 제한적이기는 하지만, 국가의 부가 화폐라는 소비 불가능한 귀금속으로 구성되는 것이 아니라 그 사회의 노동에 의해서 매년 재생산되는 소비 가능한 재화들로 구성된다고 말하는 점에서, 그리고 매년 최대로 재생산하기 위한 유일하고 효과적인 수단은 완전한 자유라고 말하는 점에서, 이 이론은 모든 면에서 관대하며 자유주의적일 뿐만 아니라 정당하다."

한편 케네가 그린 경제표는 지나치게 프랑스에만 초점을 두고 있으며 상공업의 역할을 잘못 판단했다는 비판을 받는다. 오늘날의 관점에서도 보면 허점이 많다. 그럼에도 경제표는 경제 현상을 처음으로 체계적으로 분석했고 경제 활동의 순환을 최초로 일목요연하게 도식화한 모델이라는 역사적 의의에는 변함이 없다.

미국 경제학자 바실리 레온티예프(Wassily Leontief, 1906~1999)는 케네의 경제표를 보완해 경제의 한 분야가 다른 분야에 어떻게 영향을 미치며 경제가 어떻게 순환하는지를 보여주는 정교한 레온티예프 표(투입-산출 표)를 완성했다. 이 표는 한 국가의 국내총생산을 계산하는 데 유용하게 쓰인다. 이 공로를 인정받은 레온티예프는 1973년에 노벨 경제학상을 수상했다.

케네가 미친 영향은 이뿐만이 아니다. 애덤 스미스, 카를 마르크스, 케인스 등 세계를 움직인 후세의 경제학자들 모두 케네의 경제표를 바탕 삼아 자신의 경제학을 완성시켰다. 케네를 현대 경제학의 창시자라고 부르기에 충분한 이유가 아닌가 싶다.

# 돈이 '사람'이 아닌 '양'을 선택한 이유

## ⊏ 곡물 생산보다 양 사육이 좋아 ⊐

15세기 말 무렵 영국 농업에 커다란 변화가 발생했다. 일부 부유한 지주 계층이 농민의 땅을 사들이거나 공유지를 불법으로 점유해 울타리를 치고 자신의 사유재산임을 선언하며 농민들을 내쫓아버렸다. 이른바 인클로저 운동(enclosure movement)이다. 인클로저는 울타리를 치는 것 또는 울타리를 두른 장소라는 뜻이다.

지주들은 자신의 토지로 수입을 극대화할 수 있는 방도를 궁리했다. 곡물 생산이 최우선 후보였지만, 시간이 흐르면서 상황이 바뀌기 시작했다. 영국 모직물 공업이 급성장하는 것을 지켜보며 토지가 곡물만 생산할 수 있는 곳이 아님을 깨달은 것이다.

영국 모직물 공업은 15세기 말부터 국민적 산업으로 성장했다. 영국뿐만 아니라 유럽 전역에서 영국의 모직물에 대한 인기가 대단했다. 모직물에 대한 수요가 급증하자, 원료인 양모 가격도 덩달아 올랐다.

토지에 곡물을 심는 것보다 양을 키워 양모를 파는 편이 훨씬 수익이 나았다. 게다가 목장으로 전환해 양을 키우는 일은 농사를 짓는 일보다 훨씬 적은 노동력으로도 가능했다. 극단적으로 말하면, 양을 치는 목동 한 명과 그의 개만 있으면 충분했다. 지주의 선택은 명백해졌다. 자신의 토지를 목장으로 조성하기 위해서 경작지에 인클로저를 강행하고 농민들을 내쫓았다.

농사를 짓던 농민들은 졸지에 토지에서 쫓겨나 자신의 생활기반마저 잃어버렸다. 촌락이 파괴되고 일자리를 잃은 사람들은 농촌을 떠나 도시로 유입돼 빈곤한 생활을 영위해야 했다. 당연히 인클로저 운동에 대한 사회의 시선은 곱지 않았다. 토머스 모어(Thomas More, 1478~1535)는 《유토피아》(Utopia)에서 "본성이 온순하고 질서정연한 양이 걸신들린 듯 사람을 먹어치우고 있다"라며 인클로저를 비난했다. 또한 "많은 가족과 주민이 있었던 곳에 이제는 한 사람의 양치기 목동과 개가 남았다"는 당시의 평가도 인클로저 운동의 후유증이 상당했음을 보여준다.

## ⊂ 도시의 길드를 뛰어넘은 농촌 공업 ⊃

당시 모직물은 유럽에서 가장 널리 사용됐고 신항로 개척 이후 세계적인 옷감으로 부상했다. 영국은 모직물에서 두각을 드러냈으며 산업혁명이 발생하기 전까지 모직물 공업이 국가 산업을 주도했다. 그러나 길드 중심의 통제하에 이루어진 도시의 모직물 생산은 비효율적이어서 공급이 수요를 따라가지 못했다.

증가하는 모직물 수요에 부응하기 위해 16세기부터 새로운 생산 형태가 자생적으로 생겨나기 시작했다. 도시의 제약적인 길드를 피해 농촌에 중앙 작업장을 건설하고 임금 노동자를 고용해 생산하는 공장이 생겨난 것이다. 이들 공장은 분업에 의한 협력 생산 방식으로 생산성을 높였다. 이것이 바로 농촌 공업이다.

이처럼 작업장에서 노동자를 고용해 물건을 생산하는 형태를 매뉴팩처(manufacture), 우리말로 바꿔 말해 '공장제 수공업'이라고 불렀다. 한마디로 매뉴팩처는 대량으로 상품을 생산한다는 뜻이다. 현대 경제에서 '제조업'을 의미하는 영어 단어임을 상기한다면 당시 공장제 수공업의 특성을 이해하는 데 도움이 된다. 다만 당시에는 노동자들이 간단한 도구를 사용해 생산하는 수준이어서 나중에 등장한 본격적인 공장제와는 거리가 있었다. '공장제 수공업'이라고 부른 이유도 그 때문이다.

공장제 수공업의 규모는 날로 커져갔다. 16세기에는 가장 큰 규모의 작업장이라고 해도 수백 명의 노동자를 고용하는 데 불과했지만, 17세기에는 4000명의 노동자를 고용한 대형 공장도 등장했다. 또 자동화된 기계를 도입하면서 공장제 수공업은 자연스럽게 '공장제'로 변모했다.

농촌 공업은 길드와 같은 규제를 받지 않았으며 도시 당국에 납부해야 할 세금도 없었다. 임금도 도시보다 저렴했다. 이러한 이점을 등에 업고 농촌 공업은 급속히 성장했다. 어느새 농촌 공업은 도시 공업을 압도하고 도시 길드의 존립을 위협하는 수준으로 성장했다.

돈의 선택

| 금융업 |

# 길바닥에서 돈이
# 돈을 만들어내다

## ⊏ 은행업의 시작 ⊐

상업과 화폐의 발달은 금융업의 발달을 동반했다. 근대 전기에 발달한 금융업, 특히 은행은 당시 경제 활동을 변혁시키는 데 중요한 역할을 했다. 은행업 외에도 보험업, 주식 거래업(증권업) 등 현대 금융을 구성하는 핵심 분야들이 지금과 같은 모습을 지니기 시작한 것이 이즈음이었다.

금융업의 핵심이라 할 수 있는 은행업은 훨씬 이전 시기부터 시작됐다. 돈 거래나 이자 수취 행위의 역사는 고대까지 거슬러 올라갈 수 있지만 은행이라는 조직을 통한 거래가 아니라 개인 간의 거래였다는 점에서 은행업으로 평가하기는 힘들다.

우리가 오늘날 이야기하는 은행업의 시초는 중세로 거슬러 올라간다. 당시에는 이자를 목적으로 하는 돈 거래가 금지됐으므로 은행업의 중심은 화폐 거래, 즉 환전업이었다. 국제 무역이 발달했던 중세 이탈리아에서는 국가와 지역에 따라 단위와 순도가 다른 주화들을 표준 화폐로 환전해주는 영업이 성행했다. 이탈리아 환전업자들은 시장에 탁자와 벤치(banco)를 설치하고 환전 업무를 했는데, 이것이 은행업의 시작이다.

이탈리아어로 은행은 방카(banca)이며 영어의 뱅크(bank)라는 말도 여기에서 유래했다. 가끔 지급 불능 상태에 빠진 환전업자에게 화가 난 사람들이 벤치를 부숴버렸다. 여기에서 유래한 '부서진 벤치(banco rotta)'라는 말이 오늘날 은행이나 기업의 파산(bankruptcy)이나 파탄을 뜻하는 용어가 됐다.

환전상이 했던 업무 중에 어음도 있었다. 아랍인들에 의해 도입된 어음 제도는 원거리 무역 활동에서 매우 유용해 유럽에서도 광범위하게 쓰였다. 상인 A가 베네치아에서 1억 원어치의 주화를 환전업자에게 주면, 환전업자는 상인 A에게 1억 원을 돌려주겠다는 약속을 기재한 어음을 만들어준다. 상인 A는 어음 증서를 갖고 다른 도시로 가서 제3의 환전업자에게 제시하고 그 도시에서 사용하는 돈으로 1억 원어치를 받아 장사를 할 수 있는 원리다. 먼 거리를 떠날 때에도 어음 덕분에 운반이 무겁고 도둑맞을 우려가 있는 주화를 들고 가지 않아도 됐다.

어음 제도는 빠르게 발전했다. 나중에는 돈을 주지도 않고 신용만으로 어음을 받아 장사를 하는 사람들도 생겨났다. 사업을 잘하는 상인의 경우 이익을 얻은 후 빌린 돈과 이자를 갚을 것이라는 신용에 바탕을 둔 돈 거래였다. 이처럼 유럽에서는 현금과 함께 어음이 중요한 지불 수단으로 쓰였다.

## ⊏ 금세공인의 은행 영업 ⊐

상업 활동의 중심지는 은행업이 발달하기 좋은 조건을 갖춘 셈이다. 중세에 이탈리아 도시에서 은행업이 시작된 것도 이 때문이다. 17세기에 상업 활동의 중심이 남유럽에서 북유럽으로 이동하면서 은행업을 비롯한 금융업의 중심지도 북유럽으로 옮겨갔다. 그 첫 중심지는 암스테르담이었다.

상업의 중심지였던 암스테르담은 자본이 풍부해서 이자율이 낮았다. 개인 은행가들도 자유롭게 영업할 수 있었다. 특히 1609년에 설립된 암스테르담 은행은 암스테르담 금융업에서 매우 중요한 역할을 수행했다. 그 덕분에 암스테르담은 18세기 초까지 유럽 외환 거래의 중심지 역할을 했다. 암스테르담 은행은 세계 최초의 중앙은행으로 알려져 있다.

암스테르담의 중심지 역할을 물려받은 곳은 런던이었다. 영국에서 은행가 역할을 시작한 사람들은 금세공인(goldsmith), 즉 금장이었다. 금을 가공하는 장인이라는 뜻이다. 이들은 금을 세공하는 작업에만 그치지 않고 고객끼리의 귀금속 거래도 주선해주었다.

한편 사람들은 금세공인이 갖고 있는 견고한 금고에 주목했다. 그보다 안전한 보관 장소는 없었다. 사람들은 자신의 귀금속을 금세공인의 금고에 맡겼고, 금세공인은 자신이 맡은 금액을 기입한 예탁증서(goldsmith note)를 발행했다. 오늘날 은행에서 돈을 받고 통장을 발급해주는 것과 같은 이치다.

금세공인은 예금액의 일부를 다른 사람에게 직접 지불할 수 있도록 하는 편의도 제공하기 시작했다. 예를 들면 100파운드의 은을 맡긴 고객 A가 B에게 30파운드를 줘야 할 때 '지급명령서'를 써주면, B는 그 지급명령서를 가지고 금세공인에게 가서 30파운드를 받을 수 있는 서비스다. 그 덕분에 두 사람이 함께 금세공인에게 가서 30파운드를 인출해 넘겨주는 번거로움을 덜 수 있었다. 오늘날의 수표에 해당하는 제도다.

금이나 은을 맡긴 사람들 중에서 자신의 예금 전부를 한꺼번에 인출하는 일은 거의 없었다. 따라서 금세공인에게는 항상 여분의 금과 은이 많이 있었다. 금고 속에서 금과 은을 묵히기 아깝다고 생각한 금세공인은 상인이나 정부에 금과 은을 빌려주는 대출 업무도 시작했다. 1660년의 일인데, 당시의 예금 이자율은 6퍼센트였다. 그리고 정부에 대한 대출 이자율은 10퍼센트, 일반인에 대한 대출 이자율은 12퍼센트가 적용됐다.

## ⊏ 중앙은행의 모태가 된 잉글랜드 은행 ⊐

시간이 지나 금세공인이 관리하는 개인 은행 활동은 안정성에 문제가 있다고 판단됐다. 대출 금리도 높다는 불만이 생겨났다. 실제로 파산하는 금세공인도 나타났다. 이에 영국에서는 공공은행이 필요하다는 사람들의 요구가 빈번하게 제기됐다. 네덜란드가 암스테르담 은행의 저금리 대출 덕분에 크게 번영했다는 사실도 영국에서의 공공은행 필요성에 힘을 실어주었다.

마침 영국은 프랑스와 전쟁을 시작했다. 전쟁 경비 조달이 급해진 영국은 정부에게 일정 이자율로 자금을 영원히 빌려준 사람들에게 은행 설립권을 부여했다. 이 과정을 거쳐 1694년에 설립된 은행이 잉글랜드 은행(Bank of England, 영란은행)이다.

잉글랜드 은행은 민간 자본에 의해 설립됐지만 이후 국채 발행, 정부에 대한 융자, 정부와 개인 은행으로부터의 예금, 국내외 환전 업무, 자체 은행권 발행 등 사실상 중앙은행의 역할을 수행해나갔다. 잉글랜드 은행 덕분에 영국 경제의 안정성이 한 단계 높아졌다. 당시 잉글랜드 은행은 예금에 대해서는 4퍼센트의 이자를 지급한 반면, 대출에 대해서는 6~8퍼센트의 이자율을 적용했다.

잉글랜드 은행은 전쟁이나 경제 위기에 직면해서도 제 역할을 안정적으로 수행해내어 1844년에는 영국에서 화폐를 발행할 수 있는 유일한 은행 지위를 부여받았다. 비로소 영국의 중앙은행이 된 것이다. 이후 세계 여러 나라에서 잉글랜드 은행을 모델 삼아 자국의 중앙은행을 설립하기 시작했다.

## ⊂ 보험과 주식 거래는 카페에서 ⊃

국제 무역에서 보험은 필수다. 선박을 통해 원거리 거리 무역을 했던 당시에는 지금보다 훨씬 더 많은 위험이 상존했다. 날씨로 인한 선박 침몰은 물론이고, 선박 자체의 문제로 인한 피해, 해적 출몰이나 전쟁으로 인한 피해까지 화물 수송 과정에서 발생하는 손실은 엄청났다. 이와 같은 문제를 해결하기 위해 등장한 것이 해상보험이다.

해상보험은 영국에서 발달했다. 특별한 사무실 없이 카페에 모여 보험업무를 보기 시작했다고 한다. 당시 한자리에 모인 사람들은 파트너십으로 구성된 보험업자들이었다. 그들은 개인이 감당하기 힘든 큰 거래를 공동으로 인수했다. 시간이 흘러 보험 규칙, 보험 조건, 윤리 기준 등이 하나씩 마련됐으며 보험업자들은 많은 정보력을 지닌 조직으로 성장해 보험회사를 설립했다.

해상보험 다음으로 중요한 역할을 한 보험이 화재보험이다. 1666년 런던에 대화재가 발생한 이후 영국에 화재보험이 도입됐다. 당시에는 소방 시설이 제대로 구비돼 있지 않은 탓에 도시의 상당 부분이 소멸되는 대화재도 종종 발생했다.

# ⊂ 주식회사의 출현 ⊃

역사적으로 가장 오래된 기업 조직은 파트너십(partnership)이다. 고대 기록에도 파트너십에 대한 내용이 등장한다. 물론 이때의 파트너십은 단순히 동업자 관계를 나타내는 수준이었다.

　보다 성숙한 형태의 파트너십은 중세 시대에 원거리 무역이 활발해지면서 나타났다. 이후 파트너십은 17세기에 주식회사가 등장하기 전까지 유럽에서 가장 일반적인 기업 조직이었다. 원거리 무역을 성공적으로 수행하려면 대형 선박을 확보하고 대규모로 상품을 구입해야 했다. 따라서 여러 사람이 공동으로 자금을 대는 파트너십이 유행했다. 더불어 아랍으로부터 전파된 복식 부기 덕분에 공동 출자 자금과 경영에 대한 엄격한 관리가 가능해짐으로써 파트너십은 더욱 발전할 수 있었다.

　파트너십의 중요한 특징은 참여한 개인들이 빚에 대해서 무한 책임을 진다는 데 있다. 만약 사업이 실패한다면 전 재산을 탕진할 위험이 있어 참여를 망설이는 사람들이 많았다. 따라서 기업 규모를 더 크게 키우려면 새로운 기업 형태가 필요했다.

　이러한 위험을 보완하기 위해 등장한 기업 조직이 주식회사다. 주식회사는 다수의 투자자가 자본을 투입해 주주가 되고, 대리인이 맡아 경영하는 기업 조직이다. 투자 자본에 해당하는 주식(stock)은 시장에서 거래돼 타인에게 자유롭게 양도가 가능하다. 회사가 큰 빚을 지게 되더라도 주주는 투자한 몫에 대해서만 손실을 입는 유한 책임제다. "모래알도 모으면 산이 된다"는 속담처럼 다수의 투자자들이 소액으로 출자한 자금이 모여 큰 규모의 주식회사가 가능해진다는 말이다.

주식회사의 발달에서 선구적 역할을 한 기업이 영국의 동인도회사(East India Company)다. 1600년에 인도와의 무역에서 독점권을 획득하고 218명의 사원으로 설립된 동인도회사는 시간이 지나면서 주식회사 형태로 변모했다. 투자자였던 사원들은 누구든지 자신의 투자 자금을 회수할 수 있었고 회사로부터 배당금을 받았다. 정부의 통제를 철저히 배제한 동인도회사는 투자 자금만큼만 책임을 지는 유한 책임제의 주식회사였으며 사원들에 의해서 민주적으로 운영됐다.

주식회사들이 다수 설립되자, 주식을 거래하는 주식 시장도 형성됐다. 17세기 초반까지만 해도 주식 거래는 사려는 사람과 팔려는 사람이 직접 만나 개인 대 개인 형태로 이루어졌다. 거래량과 투자자들이 많아지자 주식 거래를 전문적으로 도와주는 주식 중개인(broker)이 등장했다. 초기에는 주식 중개인들이 카페에서 주식 매매 희망자들과 만나 거래 상담을 하는 수준이었지만, 18세기에 들어서면서 주식거래소가 마련되고 관련 제도도 정비됐다.

# ⊂ 역사 속 주식 버블 ⊃

1711년에 영국에서는 아메리카와의 무역을 위한 남해회사(South Sea Company)가 설립됐다. 남해회사가 무역에서 특권을 확보하고 있어 큰 이윤을 안정적으로 얻을 수 있을 것이라는 기대감에 주가는 단기간에 100파운드에서 1050파운드까지 급등했다. 이른바 남해회사 주가의 버블(거품) 사태다. 그러나 순식간에 버블이 꺼지면서 주가는 반년 만에 120파운드로 폭락했다. 버블 후유증으로 영국 경제는 공황 상태에 빠졌으며 주식에 투자했던 많은 사람들이 재산을 날렸다.

만유인력의 법칙을 발견한 과학자 아이작 뉴턴(Isaac Newton, 1642~1727)이 주식 투자에서는 쪽박을 찬 일화는 유명하다. 그도 남해회사의 주식에 투자했다가 실패해 재산의 90퍼센트를 날린 것으로 알려져 있다.

주식회사는 분명히 새로운 사회를 여는 계기를 제공해주었다. 하지만 투기와 기업 부실로 인한 손실을 제어할 수 있는 제도적 장치를 미처 마련하지 못한 탓에 주식 시장에서 버블과 대폭락 사태가 빈번하게 발생했다. 이로 인해 주식회사에 대한 여론도 비우호적으로 변하는 등 여러 문제점이 드러났다.

돈이 사회를 흔들다, 투자와 투기

# IV
·

# 전 세계적인 규모로
# 움직이기 시작한 돈

# 산업도시의 출현과
# 대규모 돈의 증식

## ⊏ 사회 전반에 걸친 근대적 변혁 ⊐

근대를 전기와 후기로 구분하는 이유는 전기와는 전혀 다른 새로운 모습이 후기에 드러났기 때문이다. 새로운 모습의 중심에는 산업혁명이 있다. 산업혁명은 급속한 공업 발전과 경제 성장을 가능하게 해준 기술 혁신, 투자 확대, 공업 조직의 변화 등을 일컫는다. 공업에서부터 시작했지만 농업, 상업 등 경제 전반에 걸쳐 근대화 변혁을 초래함으로써 인류 역사에 지대한 영향을 미쳤다. 그런 만큼 신석기 혁명 이후의 인류 최대 혁명이라 불리는 데 전혀 손색이 없다.

산업혁명은 18세기 중반 즈음 영국에서 처음 일어나 약 100년에 걸쳐 진행됐다. 산업혁명이 몇 년에 일어났다고 꼬집어 말하기는 힘들다. 특정 시기에 갑자기 터지는 정치 사건과는 달리 경제 사건은 하루아침에 터지지 않고 오랜 기간에 걸쳐 점진적으로 진행되는 것이 일반적이기 때문이다. 중세가 끝나고 근대가 시작된 연도가 언제인지 말할 수 없는 것도 마찬가지다.

유럽에서 경제 발달이 상대적으로 느렸고 후진국으로 평가받던 영국이 가장 먼저 산업혁명을 경험하고 세계를 지배하는 강대국으로 우뚝 설 수 있었던 것은 봉건 세력이 약한 나라였다는 배경 덕분이다. 봉건 세력이 강했던 유럽의 다른 나라에서는 농촌에서의 상업이나 공업 활동을 탐탁지 않게 여기고 억제했다. 하지만 영국은 봉건제의 역사도 상대적으로 짧고 봉건 세력도 약했으므로 상공인 계층이 봉건 세력에 대항할 힘을 비교적 빠르게 키울 수 있었다.

영국에서 발생한 산업혁명은 다른 국가로 전파됐다. 19세기 전반에는 프랑스, 독일, 미국에서도 산업혁명이 진행됐다. 19세기 후반에는 러시아와 일본으로도 확산됐다. 영국에서 발생한 산업혁명과 다른 국가에서 발생한 산업혁명 사이에는 중요한 차이가 하나 있다. 영국의 산업혁명은 자생적으로 발생해 오랜 기간 동안 진행된 반면, 다른 국가에서는 자생적 기반이 성숙되지 않은 상태에서 정부가 주도해 산업혁명을 이끌었다는 점이다.

산업혁명이 발생하기까지 영국 사회에는 많은 변화가 있었고 산업혁명을 위한 환경이 서서히 무르익고 있었다. 인구, 특히 도시 인구가 크게 증가했다는 점이 산업혁명을 위한 첫 번째 유리한 환경이었다. 덕분에 공업화에 필요한 노동자가 풍부하게 공급됐다. 그리고 농업 생산성을 크게 끌어올린 농업혁명도 산업혁명의 조력자였다.

## ⊂ 산업혁명의 조력자 농업혁명 ⊃

18세기 영국의 농업 부문에서는 인클로저 운동, 소규모 농장의 대형화, 개량 농법 도입, 신작물 도입, 농업 기술의 발전 등에 힘입어 농업 생산성이 크게 증가한 농업혁명이 발생했다. 농업혁명은 여러모로 산업혁명에 큰 도움을 주었다.

　우선 도시 인구가 먹고살 수 있을 만큼 충분한 식량이 공급됐으며 농산물 가격이 안정됐다. 만약 식량이 부족했다면 영국은 식량 수입을 위해 많은 돈을 외국에 지불해야 했을 것이다. 그러나 영국은 오히려 남아도는 농산물을 외국에 수출함으로써 공업 발전에 필요한 외화를 획득했다. 당시 영국 수출의 4분의 1을 곡물 수출이 차지했을 정도다.

　다음으로 농업혁명은 농가 소득을 늘려주었다. 특히 지주와 농업 경영자 계급의 소득이 크게 증가함으로써 농업 부문에 자본의 축적이 이루어졌다. 이 농업 자본은 훗날 산업 자본으로 전환되는 실탄이 됐다.

　농가 소득이 증가하자 농민들의 구매력이 높아졌다. 농민들의 공업 제품에 대한 수요가 크게 증가하면서 공업 생산이 자극받았다. 이처럼 안정적이고 탄탄한 내수가 뒷받침되지 않고 수출에만 의존했다면 영국의 공업 발전도 한계가 있었을 것이다.

마지막으로 농업 생산성이 증가하면서 많은 농업 노동자들이 도시 노동자로 변모했다. 농업 부문이 공업 생산에 필요한 노동력을 지속적으로 공급해준 덕분이다.

## ⊂ 손과 팔을 지닌 기계의 발명 ⊃

산업혁명은 인간에게 중대한 변화를 가져다줬다. 더 이상 사람, 동물, 바람, 물의 힘에만 의존하지 않고 기계를 이용해 물건을 생산할 수 있게 됐다는 점이다. 공업 발전을 위한 필수 조건은 자연 조건의 제약을 받지 않고 힘을 안정적이고 규칙적으로 공급하는 일이다.

가내수공업보다 기계를 활용한 효율적인 제조 방식이 등장할 수 있었던 계기는 영국인 제임스 와트(James Watt, 1736~1819)의 증기기관 발명이다. 1765년에 와트는 원래 있던 증기기관의 약점을 보완하고 석탄으로 움직이는 증기기관을 만들었다. 사람처럼 '스스로의 손과 팔을 지닌 기계'가 탄생한 것이다.

와트의 증기기관 발명은 근대 과학기술 시대의 서막을 알리는 사건이었다. 사람들은 증기기관을 이용해 광산의 깊은 갱도에서도 석탄을 생산할 수 있게 됐고 이로 인해 영국의 석탄 산업은 비약적으로 발전했다. 증기선이나 증기기차 같은 교통수단도 속속 등장했다.

산업혁명이라고는 해도 모든 산업에서 동시에 기계화가 시작되지는 않았다. 영국의 기계화는 면공업에서부터 시작됐다. 전통적으로 영국은 모직물 공업에서 우위를 점하고 있었다. 하지만, 인도로부터 저렴한 면화가 공급되자 17세기부터 영국의 면직물 공업이 빠르게 성장했다. 모직물보다 가격이 싼 면직물 제품은 시장에서 모직물을 대체했으며, 대중적인 소비재로서 유럽 전역으로 수출됐다. 영국의 주요 도시인 리버풀과 맨체스터는 도시 전체가 면직물 공장으로 메워졌을 정도였다.

"필요는 발명의 어머니"라고 에디슨(Thomas Edison, 1847~1931)이 말한 것과 정확히 일치했다. 면직물 공급이 미처 수요를 따라가지 못하자 이를 해결하기 위한 연구가 다각도로 진행됐고 마침내 제니 방적기, 수력 방적기, 뮬 방적기에 이어 역직기까지 속속 발명됐다. 대량 생산된 면직물은 대부분 수출됐으며, 면제품은 1830년 영국 수출의 절반을 차지했다. 영국은 '세계의 공장' 지위를 확고히 차지했으며, 면직물 산업은 영국 산업혁명과 기계화를 상징하는 산업이 됐다.

전 세계적인 규모로 움직이기 시작한 돈

## ⊂ 대규모의 돈이 필요한 산업 자본주의 시대 ⊃

공장주들이 기계화의 장점을 실현하려면 대규모 '자본'이 필요했다. 산업혁명 시대에 필요한 자본의 규모는 수공업에 의존하던 시대와는 비교할 수 없을 정도로 컸다. 이에 따라 많은 돈을 보유하고 있는 자본가들의 역할과 목소리가 커졌다. 산업혁명으로 인해 산업 자본주의(industrial capitalism)가 본격적으로 시작된 것이다.

산업혁명으로 인한 변화는 다양한 분야에서 나타났다. 기계를 돌리는 데 필요한 석탄의 수요가 급증하면서 영국의 석탄 생산량은 1700~1854년의 150년 동안 무려 25배나 증가했다. 기계 제작에 필요한 철의 수요도 증가해 제철업도 크게 성장했다. 증가하는 인구를 수용하기 위해 주택 건설도 활발하게 이루어졌다. 또 노동자가 이동하고 물건을 수송하는 데 필요한 도로, 항만, 운하, 교량 등 사회간접자본도 이 시기에 대거 확충됐다.

교통 발달의 백미는 철도와 기차라 할 수 있다. 철도는 수송을 보다 규칙적이고 신속하게 대량으로 처리할 수 있는 교통수단이다. 1825년에 최초의 화물 열차가, 1830년에 승객을 태운 최초의 기차가 각각 운행되기 시작했다. 철도의 발달은 눈부시게 이루어져 1869년에는 장장 6000킬로미터에 이르는 미국 대륙 횡단 철도가, 그 이듬해에는 인도 대륙을 횡단하는 철도가 개통됐다.

철도의 발달은 여러 가지 연관 효과를 낳았다. 도시와 농촌, 도시와 도시, 공장 지대와 항만을 연결하는 교통 체계가 구비됨으로

| 주요국의 철도 부설 길이 | | | | (단위: km) |
|---|---|---|---|---|
| 국가 | 1850년 | 1870년 | 1890년 | 1910년 |
| 영국 | 10,600 | 24,900 | 32,100 | 37,400 |
| 미국 | 14,400 | 84,700 | 186,700 | 399,800 |
| 프랑스 | 2,700 | 17,800 | 36,700 | 49,000 |
| 독일 | 5,800 | 18,800 | 40,700 | 57,800 |
| 캐나다 | 100 | 4,200 | 21,400 | 42,300 |

써 시장이 통합되고 확대됐다. 또 철도 건설에는 막대한 자본과 노동이 필요하므로 그 자체로 경제 성장에 도움이 됐으며 산업혁명을 더욱 촉진시켰고 산업 자본에 대한 수요는 더 많아졌다.


## ⊂ 왜 중국이나 이슬람권에서는? ⊃


유럽보다 앞선 문화와 기술을 보유했던 중국이나 이슬람권은 상업과 수공업 수준에서도 유럽보다 앞서 있었다. 그럼에도 정작 산업혁명이 시작되고 근대화 산업 사회를 이끈 곳은 이들 지역이 아니라 유럽이었다. 특히 중국은 상업 활동을 지원하는 법과 제도까지 마련돼 있었으며 화폐 사용도 활발했다. 도자기와 면직물을 중심으로 수공업도 번성했다.

그러나 중국에서는 기계화가 이루어지지 않았다. 많은 전문가가 중국에는 인구가 많아 노동비용이 매우 저렴해 기계화에 대한 필요성이 적었다고 지적한다. 부유해진 상인이나 수공업자가 토지를 매입해 지주가 되는 데 관심을 가짐으로써 자본가 계층을 형성하지 못했다는 점을 원인으로 지적하기도 한다.

통계를 보더라도 유럽과 달리 중국 경제는 사실상 성장을 멈췄다. 총생산량이 꾸준히 증가했지만 인구에 정비례하는 정도였다. 그 결과 16~20세기 기간 동안 중국의 1인당 소득은 제자리걸음을 했다.

내부 변화나 혁신을 선호하지 않는 유교주의적 가치관도 무시하지 못할 요인이었을 것이다. 비옥한 토지를 보유한 중국은 굳이 공업화에 대한 필요를 느끼지 못했으며 당시로서는 농업 국가를

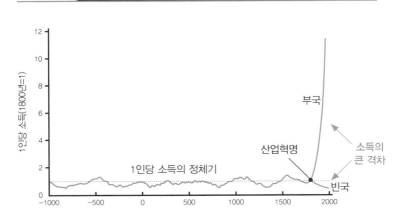

출처: G. Clark(2007), A Farewell to Alms에서 일부 각색함.

선택하는 편이 합리적이었다. 19세기 후반이 돼서야 청나라가 비로소 근대화 정책을 시작했다.

수학, 천문학, 의학 등이 발달했던 이슬람 문화권도 15세기 이후 과학 발달이 정체 상태에 머물렀다. 《쿠란(또는 코란)》(Quran 또는 Koran)에 대한 해석이 금지되면서, 다양한 지적 연구가 멈추었다. 이슬람교의 교리와 권위가 최우선이었으며, 정치와 종교가 분리되지 못한 채 신이 모든 것보다 앞섰다.

상업 활동을 중시하기는 했지만, 이자를 금지한 이슬람교의 영향으로 지속적으로 발전하기 힘들었다. 이슬람 문화권에서는 불로소득, 투기, 이자를 인정하지 않았으므로 은행을 중심으로 한 금융자본도 제대로 형성되기 힘들었다. 한마디로 산업혁명을 위한 조건을 갖추지 못했다.

# 돈의 축복을 받기 위해
# 제물로 바쳐진 이들

## ⊏ 단순 운동을 반복하는 기계 ⊐

산업혁명은 노동자 계급을 탄생시켰다. 노동자들은 순수하게 자신의 노동력을 팔아 돈을 버는 사람이다. 물론 산업혁명 이전에도 노동자는 존재했지만 자본가 계급과 대비되는 계급으로서의 노동자 계급이 생겨난 것은 산업혁명 이후다.

산업혁명으로 인해 노동자 계급이 탄생했지만, 노동자들이 없었더라면 산업혁명은 불가능했다는 말도 결코 틀리지 않다.

"소작농들을 남을 위해 일하는 인간 집단으로 만들 수 있다면, 이는 보다 많은 노동자들이 생겨나는 것이므로 국가에는 더할 나위 없이 반가운 일이다."

산업혁명과 공업화를 위해서 노동자 계급이 필수불가결한 조건이었음을 나타내는 말이다.

노동자 계급의 탄생에 주목해야 하는 이유는 이들이 저임금과 장시간 노동 같은 열악한 노동 환경에서 인간다운 삶을 누리지 못했기 때문이다. 독일의 사회주의자 프리드리히 엥겔스(Friedrich Engels, 1820~1895)의 표현에 의하면 당시 이들은 '인간이 아니라 단순 운동을 반복하는 기계'로 취급받았다.

독일 시인 하인리히 하이네(Heinrich Heine, 1797~1856)는 산업혁명 시기에 노동자들이 갖고 있던 불만을 소재로 시를 썼다. 슐레지엔 지역에서 발생한 방적 공장 노동자들의 봉기에서 영감을 받은 그의 저항시 〈슐레지엔의 직조공〉(Die Schlesischen Weber)에서 두 구절만 보자.

침침한 눈에는 눈물도 마르고
그들은 베틀에 앉아 이를 간다
독일이여! 우리는 너의 수의를 짠다
우리는 짜 넣는다. 세 겹의 저주를-
우리는 짠다, 우리는 짠다!

하나의 저주는 신에게, 우리가
겨울 추위와 배고픔의 괴로움 가운데서 기도했던 신에게
우리는 헛되이 희망하고 고대했다

전 세계적인 규모로 움직이기 시작한 돈

그는 우리를 조롱하고 우롱하고 희롱했다

우리는 짠다, 우리는 짠다!

노동자들의 참혹한 삶을 주제로 한 작품이 한둘이 아니었다. 그만큼 노동자의 착취가 심했으며 보편적인 현상이었다는 뜻이다. 우리에게 잘 알려진 찰스 디킨스(Charles Dickens, 1812~1870)가 1837년에 발표한 소설 《올리버 트위스트》(Oliver Twist)도 그중 하나다. 이 소설로 세계적인 작가의 반열에 오른 디킨스는 가난의 늪에서 헤어 나오지 못하는 노동자들의 고통을 고발하고 변화를 촉구했다.

## ⊏ 넘쳐나는 노동자 ⊐

노동자들은 기본 근무 시간으로 아침 5시 30분에서 저녁 9시까지 하루에 15시간씩 일했다. 휴일은 제대로 지켜지지 않았다. 돈이라도 많이 벌고 풍족한 삶을 누렸다면, 그나마 다행이었을 텐데 현실은 정반대였다. 이렇게 일을 해야 겨우 목숨을 유지할 수 있을 정도의 돈을 벌었다. 그나마 일할 수 있으면 다행이었다. 임금이 불만족스럽다고 그만둘 수도 없었다. 공장주는 눈 하나 깜짝이지 않았다. 거리는 일자리를 구하려는 대기자들로 넘쳐났다.

착취보다 더 심각한 문제는 실업자였다. 떠돌이들은 도시 곳곳에서 동전을 구걸하며 끼니를 이어갔다. 뒷골목을 헤매다가 굶주

돈의 선택

리거나 병들어 죽어가는 사람이 많았다. 남겨진 자녀들은 고아 신세가 돼 구걸이나 소매치기로 목숨을 유지했다. 올리버도 그중 하나였다.

추운 길거리에서 성냥을 팔다 하늘나라로 간 소녀의 이야기를 그린 한스 크리스티안 안데르센(Hans Christian Andersen, 1805~1875)의 1845년 단편 동화《성냥팔이 소녀》(The Little Match Girl), 가난한 사람들을 위해 가진 모든 것을 내놓는 동상의 이야기를 다룬 오스카 와일드(Oscar Wilde, 1854~1900)의 1888년 작품《행복한 왕자》(The Happy Prince) 등이 모두 이 시대를 배경으로 하고 있다. 역설적이게도 당시 성냥은 10대 여공들의 중노동으로 만들어졌다.

영국에 왜 이처럼 가난한 노동자들이 넘쳐났을까? 왜 저임금으로 노동력을 착취당해야 했을까? 결론부터 말해보자. 가격 결정 이론에 따르면 노동 공급이 수요를 훨씬 초과했기 때문이다. 문제는 도시의 노동자들이 왜 그토록 늘어났냐는 것이다.

앞에서 언급했던 인클로저 운동을 중요한 요인으로 꼽을 수 있다. 모직물 산업이 발달하면서 농사를 짓는 것보다 양을 기르면 더 많은 돈을 벌 수 있다고 판단한 지주들은 농민들을 내쫓고 토지를 목장으로 전환했다. 힘없는 농민들이 일자리를 잃고 도시로 이동했다. 한편 대규모 농장에서 대량 생산하는 것이 더 효과적임을 알게 된 지주들이 소규모 농지를 편입했으며, 소규모로 농사를 짓던 가난한 농민들은 어쩔 수 없이 도시로 몰려들었다.

## ⊂ 비참했던 노동자의 삶 ⊃

농민들이 갖고 있는 지식은 농사와 관련된 것뿐이었다. 교육을 받지도 못했으며 공장 생활에 필요한 기능도 갖추지 못했다. 하지만 모두 중요하지 않았다. 기계로 중무장한 공장에서는 그런 그들도 충분했다. 중요한 일은 기계가 대신 해주었기 때문이다. 농민들은 손가락을 빠르게 놀리는 법만 배우면 공장 노동에 필요한 모든 능력을 갖춘 노동자가 될 수 있었다. 그들에게 겨우 생계를 유지할 정도의 낮은 임금을 주면서도 생산에 동원할 수 있었던 까닭이 여기에 있다.

생활비가 충분하지 못한 상황에서는 어린아이들까지 취업 전선에 나서야 했다. 심지어 9세 이하의 어린이도 생활비를 마련하려고 공장 노동자로 일했다. 단지 손가락을 움직일 수 있다는 이유만으로 일해야 했다. 당시 영국 아동의 노동 실태를 조사한 보고서에 의하면, 소녀들은 새벽 3시에 공장에 가서 밤 10시에 일을 마쳤다. 휴식 시간은 아침 식사를 위한 15분, 점심 식사 30분, 저녁 식사 15분에 불과했다.

문제의 심각성을 인식한 영국 정부는 1833년에 공장법을 제정해 9세 이하 아동의 노동을 금지했다. 하지만 어린아이들도 일해야 생계를 유지할 수 있다는 현실, 성인보다 낮은 임금을 줘도 된다는 효율성을 완전히 무시할 수는 없어 10세 이상 아동의 노동은 합법이었다. 단지 13세 이하 아동의 노동 시간을 1주 48시간 이내로 제한했을 뿐이다. 당시 맨체스터 내 공장의 남자 노동자를 조사한 결과 13세 이하 아동의 비율이 30퍼센트나 됐다고 한다.

당시 노동자들의 비참한 생활을 묘사한 글을 하나 살펴보자.

"나는 이토록 비참한 생활을 한 번도 본 적이 없다. 결혼한 부부 두 쌍이 한 방에서 같이 생활하는 경우도 많았다. 방문한 일곱 가정 가운데 침대가 있는 집은 하나도 없었다. 어떤 집에는 바닥에 깔 거적도 없었다. 모든 사람들이 자기 옷을 이불 삼아 잤다. 한낮에도 앞에 있는 사람을 알아보지 못할 정도로 컴컴한 방 한쪽 구석에는 더러운 지푸라기가 쌓여 있었고 거기에는 노새가 있었다."

## ⊏ 노동자들의 권리 찾기 ⊐

일자리를 구하려는 사람들이 넘쳐나는 상황에서 높은 임금을 주면서까지 자신의 이윤을 줄일 자본가는 없었다. 노동자들이 목숨을 유지할 정도의 임금을 주는 것이 타당하다고 주장하는 사람도 있었다. 임금을 많이 주면 일을 적게 할 것이라는 게 이유였다. 또 임금이 오르면 출생률이 높아지고 노동 공급이 증가해서 임금이 다시 목숨을 유지할 정도로 떨어진다고 주장했다. 목사이자 경제학자였던 토머스 맬서스(Thomas Malthus, 1766~1834)도 이런 주장을 하며 자본가들의 입장을 지지했다.

한편 억눌린 노동자들의 불만이 한계치를 넘어서면서 임금 인상을 요구하는 파업이 곳곳에서 발생했다. 파업 시도가 번번이 실패로 돌아가자 노동자들은 자기들이 받은 고통이 기계 때문이라고 생각했다. 노동자들이 기계에 대한 분풀이를 하기 시작한 것이 바로 '러다이트(Luddite) 운동', 즉 '기계 파괴 운동'이다. 착취당한 노동자, 일자리를 잃은 수공업자, 숙련공들이 면직물 공업의 중심지였던 '러다이트 삼각지대'(노팅엄셔-요크셔-랭커셔)에서 집단적으로 저항하기 시작했다. 당시 파괴된 고가의 최신 기계만 1000대가 넘었다고 한다. 공장주가 살해되는 일도 벌어졌다.

하지만 러다이트 운동은 기계에 대한 반감을 드러내는 감정적인 성격 탓에 오래 지속되지 못했다. 기계 도입이라는 자연적인 흐름을 거스르는 복고 운동이라는 인식도 러다이트 운동이 힘을 얻지 못하게 만들었다.

시간이 흘러 노동자들의 힘이 점차 세지고 노동 조건도 완만하게 개선되기 시작했다. 여자와 청소년의 노동 시간은 하루 10시간으로 제한됐다. 1846년에는 저렴한 외국 곡물의 수입을 막았던 곡물법도 폐지돼 노동자들이 싼값에 식량을 구입할 수 있게 됐다. 인민헌장을 내걸고 의회개혁을 요구한 차티스트 운동, 여성의 선거권 요구 운동 등이 연속적으로 이어졌다.

노동자들은 노동조합을 통해 보다 합리적이고 조직적으로 권리를 찾기 시작했다. 이전에도 상호부조적인 성격을 지닌 단체들이 있었지만 노동자의 권리를 찾기 위한 노동조합이 온갖 역경을 딛고 마침내 결실을 맺은 것이다. 1830년대에는 전국적인 조직이 형성됐으며 조합원 수도 100만 명을 넘어섰다. 1890년 5월 1일에는 첫 노동절 집회가 프랑스 파리에서 개최됐다.

전 세계적인 규모로 움직이기 시작한 돈

# 돈에게 자유를 주면, 돈이 알아서 선택할 것이다

## ⊂ 경제학의 아버지 ⊃

애덤 스미스는 '경제학의 아버지'로 불린다. 이 외에도 그가 갖고 있는 호칭은 '자본주의의 창시자', '정치 경제학의 개척자', '스코틀랜드의 계몽주의자' 등 다양하다. 그를 빼놓고 경제학을 이야기하는 일이 의미 없을 정도로 스미스가 경제학과 우리가 살고 있는 세상에 미친 영향은 지대하다. 시장에서 자유롭게 결정되는 가격을 보고 각자 자유의사에 의해 의사결정을 할 수 있다는 개념, 정부의 시장 간섭을 좋지 않게 보는 시각이 모두 스미스의 자유주의 사상에 뿌리를 두고 있다.

애덤 스미스는 스코틀랜드의 작은 항구 마을 커콜디라는 곳에서 태어났다. 열네 살의 나이로 글래스고대학에 진학한 그는 3년 후 옥스퍼드대학 장학생으로 선발됐다. 스코틀랜드밖에 몰랐던 그에게 잉글랜드의 발달한 농업과 목축업, 그로 인한 풍요로움은 경의의 대상이었다. 하지만 지나치게 보수적인 분위기, 교육에 열정이 없는 교수들, 공부하지 않는 학생들로 가득 찬 옥스퍼드대학에 실망한 그는 결국 옥스퍼드 생활을 접고 고향으로 돌아와 글래스고대학의 교수로 부임했다.

12년의 교수 생활을 그만둔 그는 프랑스로 가서 2년을 지냈다. 이곳에서 스미스는 중농주의 학자 케네, 튀르고 등과 교류했다. 스미스는 이들과의 교류와 토론이 훗날 자신의 경제 사상 형성에 커다란 영향을 미쳤다고 스스로 인정했다. 그에게 프랑스 체류 기간은 교수직 포기를 후회하지 않을 만한 가치가 충분히 있었다. 절친이었던 철학자 데이비브 흄(David Hume, 1711~1776)도 애덤 스미스의 경제학 완성에 커다란 영향을 미쳤다.

고향으로 돌아온 애덤 스미스는 집필에 전념해 마침내 1776년 3월 9일, 1000쪽이 넘는 방대한 분량의《국부론》을 출판했다. 젊어서부터 건강이 좋지 않았던 그는 1790년 67세의 나이로 세상을 떠났다.

애덤 스미스가 살았던 시대는 18세기 영국이다. 산업혁명이 본격적으로 시작되기 직전부터 한창 꽃을 피우는 시기에 해당한다. 한마디로 자본주의가 무르익기 시작한 때다. 자본가들과 상인들이 돈을 모으는 데 성공했다. 부에 대한 거부감은 사라진 지 오래였고

전 세계적인 규모로 움직이기 시작한 돈

돈을 많이 버는 행위가 사회적으로 부러움의 대상이 된 시기다.

그가 오랫동안 거주했던 글래스고도 유럽의 중개 항구로서 급속히 성장했다. 담배 무역의 중심지였지만 직물, 설탕, 유리, 비누, 철 등을 생산하는 여러 공업이 다양하게 발달했고 다수의 상인들이 부를 축적하고 있었다. 담배 무역을 통해 얻은 이윤이 지역에 재투자되면서 글래스고는 상공업 도시로 빠르게 성장했다.

## ⊂ 보이지 않는 손이 지휘하는 시장 ⊃

애덤 스미스가 풀려고 했던 핵심 문제는 "어떻게 하면 국민과 국가를 풍요롭게 할 수 있을까?"였다. 그가 제시한 첫 번째 해답은 이기심의 해방과 자유방임 정책이었다. 단, 그의 주장이 통하려면 풀어야 할 과제가 하나 있었다. "모든 사람이 돈을 좋아해 자신의 이익을 추구한다면 사회에 문제가 생기지 않을까?"라는 질문에 대한 답이었다.

근대 사회로 넘어오면서 개인이 돈을 추구하는 행위가 허용됐다. 실제로 사람들이 돈을 추구하는 사회로 진입했지만, 개인의 이기심으로 가득 찬 사회가 지속 가능할 것인지에 대한 답이 필요했다. 만약 불가능하다면 개인의 이기심은 억제돼야 했기 때문이다.

그는 '보이지 않는 손(invisible hand)'이라는 해답을 제시했다. 그의 주장에 따르면 시장은 자연적인 질서를 갖고 있으므로 인위적인 개입을 싫어한다. 또한 이기적인 인간이 시장에서 자유롭게 경쟁하다 보면 보이지 않는 손이 개인의 이기심과 사익 추구 행위를 최적의 상태로 조절해주어 사회 전체의 이익에 도달하게 된다는 것이다.

모두가 자신의 이익을 챙기기 위해서 혈안이 돼 있는 정글 같은 세상에서 어떻게 이런 일이 가능할까? 물건을 파는 상인이 탐욕을 채우기 위해서 가격을 매우 높게 부르지 않을까?

그는 자신의 탐욕만을 생각하는 상인은 구매자를 찾지 못한다고 생각했다. 물건을 사는 사람 역시 자신의 이익을 챙기려는 본성이 있으므로 가격을 높게 부르는 상인에게서 물건을 사지 않는다는 것이다. 결국 탐욕스러운 상인이라도 어쩔 수 없이 물건값을 적당한 가격에 팔아야 한다. 이것이 바로 생산자와 소비자 사이의 줄다리기, 즉 '경쟁'이다. 모든 사람이 이기심을 갖고 행동하며 경쟁하는 가운데 사회의 조화가 이루어진다고 그는 주장했다.

이것이 바로 현대 경제학에서 이야기하는 '시장'이며 '수요와 공급에 의한 가격의 결정 원리'다. 시장은 다수의 소비자와 다수의 생산자가 각자의 이익을 극대화하려는 노력이 만나는 곳이며, 가격은 이들의 경쟁이 조화를 이루어 양쪽 모두에게 만족을 주는 선에서 결정된다. 시장 가격은 사익을 추구하는 소비자와 생산자 모두를 만족시키므로 사회 전체의 후생(welfare)이 극대화된다.

그는 정부가 중상주의 정책을 강력히 추구하던 시대에 국가가 경제를 위해서 할 일은 없다고 정면으로 반박했다. 오히려 국가는 시장과 개인에 대한 통제와 간섭을 중단하고 각자 사익 추구를 하도록 허용해야 한다는 자유방임주의를 강조했다. 자신에게 무엇이 가장 좋은지를 결정할 수 있는 것은 자신이지, 왕이나 정부가 아니라는 생각에서 비롯된 주장이다.

지금의 관점에서 보면 뻔한 소리라고 생각할지 모른다. 하지만 당시는 경제 주체의 모든 행위가 신의 뜻에 의해서 이루어진다는 믿음이 지배한 시대였다. 그런 시대적 배경 속에서 스미스는 조율되지 않고 서로 충돌할 수 있는 개인의 자유로운 사익 추구 행위가 더 효율적이며 모두 만족하는 결과를 낳는다고 주장했던 것이다.

"우리가 저녁 식사를 기대할 수 있는 것은 정육업자, 양조업자, 제빵업자의 자비심 때문이 아니라 그들이 자신의 이익을 중시하기 때문이다. 우리는 그들의 인간애가 아니라 자기애에 대해서 말해야 하며, 그들에게 우리가 무엇이 필요한지가 아니라 그들이 얻게 될 이익에 대해서 말해야 한다."

자본가는 이기심을 통해 얻은 이윤으로 자본을 축적하고, 자본이 커질수록 노동자의 고용 규모와 생산성도 증가할 수 있다는 것이 애덤 스미스의 생각이었다. 만약 국가가 경제에 개입해 규제와 보호 정책을 전개하면 보호를 받지 않는 산업에서 보호를 받는 산업으로 자원이 '부자연스럽게' 이동해 '자연적 균형'이 무너지고 경제 활동이 위축된다고 주장했다.

# ⊂ 국가의 부를 늘리는 슬기로운 방법 ⊃

애덤 스미스는 국가의 부란 무엇이며 어떻게 국부를 늘릴 수 있을 지에 대한 해답도 제시했다. 그의 대표 저서 제목이 《국부론》인 이 유가 여기에 있다. 우리가 흔히 《국부론》이라고 줄여서 부르고 있 지만 사실 이 책의 원래 제목은 《국부의 본질과 원천에 대한 연 구》(An Inquiry into the Nature and Causes of the Wealth of Nations)다. 원래 제목을 보면 그의 관심사가 무엇이었는지, 책을 저술한 목적 이 무엇인지 잘 드러난다.

당시에는 중상주의 사상이 지배적이었다. 프랑스를 중심으로 중농주의 사상도 유행했지만 중상주의에 비하면 그 위력은 크지 않았다. 강대국이 되려면 수출을 늘리고 수입을 억제해서 금과 은 을 가능한 한 많이 확보해야 한다는 믿음이 두터웠다.

그는 중상주의가 옳지 않다고 맹렬하게 비판했다. 국가의 부는 금과 은의 양이 아니라 국가의 토지와 노동이 생산해내는 생산물 의 양에 달려 있다고 주장했다. 현대 경제학에서 국가 규모를 국내 총생산(GDP)으로 측정하는 원리의 바탕이 되는 생각이다.

수출을 늘리려면 국내 소비를 하고도 남을 정도로 국내에서 생 산을 많이 하는 방법 외에는 달리 도리가 없다. 그러므로 생산물을 늘리는 방법을 고민해야 한다. 우선 저임금의 노동자를 대량 투입 해 생산량을 늘리는 방법이 가장 단순하게 떠올릴 수 있는 방법이 다. 만약 스미스가 이와 같은 평범한 해법을 제시했다면 지금과 같은 명성을 얻지는 못했을 것이다. 그는 여러 가지 슬기로운 해법을 제시했다.

그는 분업을 생산성 향상의 가장 근본적인 원천으로 보았다. 동일한 노동력을 투입해 더 많이 생산할 수 있다면 중상주의 정책과는 달리 누구도 해치지 않고 더 나은 결과를 얻을 수 있다고 생각했다.

> "국가의 부는 흔히 착각하듯 금과 은 보유량에 비례하지 않고 국민의 조직적 작업 능률에 비례한다. 분업은 그 작업 능률 향상의 지름길이다. 그러므로 분업은 국부 증대의 필수 요소다."

분업을 효율적인 생산 방법으로 보는 생각의 기원은 고대까지 거슬러 올라간다. 하지만 그는 이기심과 시장과 분업과 국부를 연결시키는 논리를 이끌어냈다는 점에서 차별화된다. 한 사람이 여러 가지 일을 동시에 한다면 어느 것 하나도 제대로 잘 해낼 수 없다. 시장에서 돈을 벌 기회도 잃어버린다. 그러므로 자기 이익을 추구하는 사람은 자신이 가장 잘할 수 있는 일에 매달려 생산할 것이며, 반복과 숙련 덕분에 노동 생산성이 향상된다. 이는 자신의 이익 증대로 귀결된다. 시장이 활성화되고 발달할수록 분업도 잘 이루어진다. 결국 이기심이 사회 전체의 후생을 늘려준다는 논리다.

# ⊏ 고전학파 경제학의 탄생 ⊐

앞서 애덤 스미스가 케네의 영향을 받았다는 것을 살펴봤다. 글래
스고대학의 교수로 있으면서 스미스는 자유주의 사상을 대변하는
강연을 많이 했다.

> "한 나라를 최저의 야만 상태에서 최고로 부유한 상태까지 끌어올리기
> 위해 필요한 것은 평화, 가벼운 세금 그리고 정의의 관대한 집행뿐이
> 며, 그 밖에 필요한 것은 하나도 없다. 나머지는 자연의 흐름에 맡기면
> 그만이며 정부는 이러한 자연의 흐름을 절대로 방해해서는 안 된다."

자유주의 사상은 당시 급속히 세력을 확장하고 있던 신흥 부르
주아 계급으로부터 대환영을 받았다. 많은 사람들이 《국부론》을 읽
고 감동을 받았다. 그의 영향을 받은 사람들이 나날이 늘어났고 자
유주의 사상에 동조하는 경제학자들도 속속 등장했다.

이들을 고전학파(The Classical School) 경제학자라 부른다. '최대
다수의 최대 행복'이라는 공리주의를 내세운 벤담, '인구는 기하학
적으로 증가하지만 식량은 산술급수적으로 증가하므로 인구 증가
가 사회를 빈곤하게 만든다'고 경고한 맬서스, '차액 지대는 지주에
게 돌아가며 비교우위에 따라 자유무역을 해야 한다'고 주장한 리
카도, '상품은 만들기만 하면 모두 팔리기 마련'이라는 이론을 제시
한 세 등이 고전학파를 대표하는 경제학자들이다.

19세기에 절정을 이룬 고전학파 경제학은 주로 영국 경제학자들을 중심으로 발달했다. 이는 고전학파 경제학이 주로 공업화된 자본주의 사회에 주로 관심을 가졌고, 산업혁명을 이끈 영국이 바로 그런 국가였다는 사실과 무관하지 않다.

고전학파 경제학자들에게는 자유주의 사상 말고도 공통점이 하나 더 있다. 이들은 과학적 접근 방법을 강조했다. 아이작 뉴턴의 영향을 받은 탓이다. 뉴턴은 기존의 자연과학을 엄밀한 의미에서의 과학으로 발전시키는 과학혁명을 일으켰다. 고전학파 경제학자들은 뉴턴의 과학적 접근법을 경제학에 접목시켰다. 이에 힘입어 경제학은 법칙과 원리에 의해 지배되는 '과학'으로 발전할 수 있었다.

애덤 스미스 역시 뉴턴의 영향을 받았다. 스미스는 수많은 개인이 사리 추구를 하느라 혼란스러울 수 있는 인간 사회가 붕괴하지 않고 서로 조화를 이루어 잘 돌아가는 근거로 '보이지 않는 손', 즉 '시장의 원리'를 제시했다. 이는 곧 뉴턴이 자연 질서에서 발견한 중력의 법칙에 해당하는 대응물이었다.

훗날 거시 경제학의 창시자로 우뚝 선 존 메이너드 케인스(John Maynard Keynes, 1883~1946)는 "경제학자는 모두 스미스, 리카도, 맬서스의 정신적 자손"이라고 공언했다. 그만큼 고전학파 경제학이 이후의 경제학 발전에 기여한 바가 크다는 뜻이며, 그 정신은 지금까지 이어지고 있다.

## ⊂ 새로운 고전학파로 이어져 ⊃

경제 이론 측면에서 고전학파는 노동 가치론에 기반을 두고 있다. 노동 가치론은 상품의 가격이 생산에 투입된 노동량에 의해서 결정된다는 논리다. 쉽게 말하면, 생산에 하루가 필요한 상품의 가치는 반나절이 필요한 상품의 가치보다 2배 높다고 보는 것이다.

이 이론에는 분명히 한계가 있다. 반나절 만에 그린 그림이 몇 달 걸려 그린 그림보다 가격이 비쌀 수 있기 때문이다. 또 간단한 아이디어의 상품이 높은 가격을 받을 수도 있다. 노동 가치론만으로는 이러한 현상을 설명하지 못한다.

시간이 흘러 노동 가치론의 한계를 보완할 수 있는 새로운 이론이 등장했다. 가격을 따질 때 노동량, 즉 생산 측면만 볼 것이 아니라 소비자, 즉 사용 측면도 중시해야 한다는 접근법이다. 시장과 개인의 자유 의지를 기본으로 하고 있다는 점에서는 동일하지만, 시장에서의 소비와 생산의 균형, 수요와 공급의 균형을 강조하는 이론이다.

이를 신고전학파(Neo Classical) 경제학이라고 부른다. 고전학파의 자유주의 사상에 기반을 두고 새로운 이론으로 무장했다는 뜻이다. 신고전학파 경제학은 현대 미시경제학의 기반이 됐다.

# 가난은
# 돈의 잘못인가?

## ⊏ 인구는 경제에 영향을 미치는 핵심 요인 ⊐

인구는 경제 문제와 떼려야 뗄 수 없는 밀접한 관계에 있다. 인구와 경제 사이의 관계에 대한 고민이나 분석은 인간이 농사를 짓기 시작하던 시절까지 거슬러 올라갈 만큼 역사가 오래됐으며 이는 지금도 진행형이다. 지금도 인구는 분명 중요한 경제 이슈다. 하지만 사람의 힘에 의한 생산에 의존하던 과거에는 인구가 경제에 미치는 영향이 지금보다 훨씬 더 절대적이었다.

농업이 주 산업이고 오늘날처럼 농업 기술이 기계화되지 않은 시기에는 농사에 투입되는 노동력이 농업 생산량을 결정했다. 바로 그 노동력을 좌우하는 것이 인구였다. 한마디로 인구가 그 시대의 경제력을 결정하는 핵심 요인이었다는 말이다.

전쟁이 빈번하게 발생하고 의학 수준이 높지 않았던 과거에는 인구의 증가와 감소가 주기적으로 반복됐다. 인구 변동도 인간의 능력으로 통제하기 힘든 자연적 사건으로 간주됐다. 인구의 증감에 따라 사회의 경제 여건도 함께 등락을 반복했다. 모든 사회에서 인구를 중요한 관심사로 둘 수밖에 없었다.

일반적으로 인구가 증가하면 노동 공급이 증가하므로 임금이 하락한다. 늘어난 인구는 식량에 대한 수요 증가를 의미하므로 식량 가격이 상승하고 토지의 지대도 오른다. 식량 가격이 계속 오르면 지주들은 그동안 거들떠보지 않던 척박한 땅까지 개척해 농사를 짓기 시작한다. 이런 땅에서는 작물의 생산성이 떨어지므로 모든 인구가 먹을 수 있는 충분한 식량을 생산하지 못한다.

그 결과 식량 기근이 발생하고 영양실조에 걸리거나 굶어죽는 사람들이 생겨나면서 인구가 감소한다. 전쟁에 의해 인구가 감소하기도 한다. 그러면 식량 부족 사태가 진정돼 식량 가격과 지대가 하락한다. 노동력이 감소하면 임금이 상승하고, 살아남은 사람들의 생활 수준이 높아진다. 이처럼 인구의 증감으로 인해 풍요와 빈곤이 반복적으로 순환되는 것이 과거 사회의 흔한 모습이었다.

인구는 식량뿐 아니라 다양한 상품의 수요에도 영향을 미쳤다. 예를 들어 인구가 늘면 지금보다 훨씬 귀했던 소금이나 후추, 식용 고기나 의류가 부족할 수밖에 없다. 만약 국내 공급이 부족해지면 외국으로부터의 수입을 늘려야 한다. 하지만 이는 국내 농민이나

전 세계적인 규모로 움직이기 시작한 돈

지주의 이익에 반하므로 수입 정책을 놓고 찬반논쟁이 이어졌다.

## ⊂ 인구 증감의 역사 ⊃

10세기부터 14세기까지의 중세 유럽은 전반적으로 인구가 증가한 시기다. 인구 증가 덕분에 농업과 상업 등 경제가 전반적으로 성장할 수 있었고 도시 경제가 번영했다. 십자군 원정을 시작할 수 있었던 것도 그만큼 전쟁을 할 여력이 있었기 때문이다. 만약 인구가 감소하고 식량이 부족했다면, 성지 회복이라는 좋은 뜻을 지닌 전쟁이라도 시작할 엄두를 내지 못했을 것이다.

그러나 14세기에 발생한 흑사병, 영국과 프랑스 사이의 백년 전쟁(1337~1453)은 상황을 일순간에 뒤집어놓았다. 유럽 인구의 3분의 1이 감소했다. 이로 인해 약 한 세기 동안 유럽 경제는 침체를 겪었다.

15세기 중반 이후 유럽 인구가 다시 증가하면서 경제도 회복세로 돌아섰다. 많은 도시들이 외연을 확장했다. 르네상스, 신항로 개척 등을 거치면서 도시 상인들의 힘이 커진 반면 지주의 힘은 약해졌다. 한마디로 중세 봉건사회가 저문 시기다.

17세기 중반부터 100년 동안은 다시 인구 감소를 겪었다. 식민지를 개척하고 무역에서의 주도권을 차지하기 위한 유럽 국가들의 전쟁이 빈번하게 발생한 탓이다. 인구가 감소하자 상품에 대한 수요도 감소했고 생산이 위축되자 많은 도시가 타격을 입었다.

18세기 중반부터 인구는 다시 증가했다. 특히 영국에서 인구 증가가 두드러졌다. 한 기록에 의하면 1750년부터 한 세기 동안 영국 인구가 2배 이상으로 급증했다. 전문가들은 이와 같은 인구 증가의 주 요인이 외국으로부터의 이민 증가가 아니라 결혼 연령의 변화, 건강 향상 같은 내부 요인이라고 분석한다. 노동자의 대량 공급은 영국에서 산업혁명이 진행되는 데 큰 도움이 됐다. 하지만 노동 공급 증가는 노동자들을 '을'의 입장으로 만들었다. 노동자들은 저임금, 장시간 노동, 열악한 노동 환경으로 고통 받았다.

## ⊏ 인구와 빈곤 문제에 몰두한 맬서스 ⊐

맬서스는 인구와 빈곤 문제에 각별히 관심을 가졌던 고전학파 경제학자다. 그의 아버지 대니얼 맬서스는 부유한 지주 계급이었으며 상당한 지식인으로서 루소, 흄 같은 계몽주의 학자들과 친분이 두터웠다. 계몽주의 사상에 심취해 있던 아버지는 아들에 대한 교육에도 신경을 많이 써서 4명의 우수한 가정교사를 두었다. 아버지의 정성에 보답하듯, 맬서스는 보란 듯이 목사로 성장했다.

맬서스는 근대 후기 격동의 사회에서 살았다. 맬서스는 산업혁명, 프랑스혁명, 영국과 프랑스 사이의 전쟁, 나폴레옹 패전, 영국의 의회개혁 등 굵직한 역사적 사건을 두루 경험했다. 또 미국에서 발생한 독립 전쟁도 목격했다. 지식인으로서 이와 같은 일련의 변혁에 무관심할 수 없었던 맬서스는 영국의 각종 사회문제에 대한 해결책을 찾으려 애썼다.

그런데 맬서스가 내놓은 해결책은 아버지의 신념과 대립됐다. 당시는 부와 빈곤의 양극화라는 문제가 심각했던 때다. 일부 학자들은 사유재산이 악의 원인이며 모든 사람에게 자원이 평등하게 분배돼야 한다고 주장했다. 맬서스의 아버지도 이에 동조하는 지식인이었다. 그러나 맬서스는 아버지의 생각을 비판했고 빈곤 같은 사회악이 사회 발전 과정에서 불가피하다고 생각했다.

또한 계몽주의 사상가들은 귀족 계급에 의해 지배되고 있는 나쁜 제도가 빈곤의 원인이라고 생각했다. 사회 개혁을 통해 빈곤 같은 사회악을 해결할 수 있다고 믿었다. 그러나 맬서스는 여기에도 동의하지 않았다. 그는 빈곤의 원인을 다른 곳, 즉 인간의 왕성한 번식 능력에서 찾았다.

한마디로 아버지는 진보적 성향, 맬서스는 보수적 성향을 지녔다. 그렇다고 아버지가 아들을 구박하지는 않았다. 오히려 아들의 지식과 토론 능력을 대견스럽게 생각해 책으로 발간하도록 권장했다. 그 덕분에 맬서스는 불과 32세의 나이에《인구론》(An Essay on the Principle of Population)이라는 대표 저서를 세상에 내놓을 수 있었다. 맬서스는 처음에 익명으로 출판했다. 책에 실린 내용도 친구와 나눈 대화의 산물이라고 서문에 밝혔다. 사실 그 친구는 자신의 아버지였다.

《인구론》이 발간되자 사회의 반응이 매우 뜨거웠다. 대부분 책의 주장에 반박하고 비판하는 내용이었다. 그만큼 맬서스의 생각이 당시 사람들에게 충격을 주었으며 암울한 미래를 담고 있었다. 아니, 오늘날 우리의 시각에서 봐도 그렇다.


## ⊂ 이보다 더 비관적인 전망은 없다 ⊃

《인구론》에 어떤 내용이 담겨 있기에 그토록 충격적이었을까?

맬서스는 두 가지 대전제를 깔고 자신의 주장을 전개했다. 첫째, 식량이 인간의 생존에 필수적이다. 둘째, 시대를 막론하고 남녀 모두에게 성욕이 있다. 그래서 인간은 스스로 나서서 인구 규모를 제한하려 하지 않을 것이다.

첫 번째 전제에는 쉽게 수긍이 간다. 문제는 두 번째 전제다. 그의 시각은 인간이 완전하다고 믿었던 기존의 다른 지식인들과는 전혀 달랐다. 오늘날 우리들의 시각에서 볼 때에도 불완전하다.

맬서스는 두 전제를 바탕으로 인간에게는 예방 차원에서 문제를 억제하는 능력이 없으므로 결국 인구가 기하급수적으로(즉, 1, 2, 4, 8, 16,…) 증가할 것이라고 예견했다. 반면 식량은 아무리 노력을 하더라도 산술급수적으로(1, 2, 3, 4, 5,…) 증가할 뿐이라고 했다.

인구가 과도하게 증가하면 식량이 부족해지고 빈곤한 사람들은 영양 부족과 질병과 기아로 죽어간다. 사회도 살인, 강도, 전쟁 같은 악덕이 만연해지며, 다양한 이유로 많은 사람들이 목숨을 잃고 인구가 감소한다. 살아남은 인간이 먹고살 만큼의 식량이 공급될 때까지 인구 감소는 지속된다. 인간이 다시 풍요로운 생활을 영위하게 되면 또다시 과잉 출산으로 인해 인구 과잉 문제가 발생한다.

맬서스는 이와 같은 순환이 자연 법칙이므로 벗어나기 쉽지 않다고 생각했다. 인간이 아무리 이상적인 사회를 만들어도 빈부 격차가 생기기 마련이라는 것이다.


## ⊏ 빈민 구제 노력에도 반대 ⊐

그는 인구 과잉이 염려되므로 빈민을 구제하는 정책을 펼쳐서는 안 된다고 주장했다. 빈민을 구제하면 사람들은 가족 부양에 대한 구체적인 계획도 없이 결혼을 하고 종족 보존을 위해 자녀를 낳는다. 또 이로 인해 인구가 증가하고 식량 가격이 올라 실질 임금이 하락한다. 그 결과 성실하게 일하는 노동자들이 손해를 본다는 것이 그의 논리였다.

한편 그는 사람들이 사회에 쉽게 의존할 수 있는 제도를 만들면 타인에게 의존하는 가난을 부끄럽게 여기지 않고 점점 더 의존하게 된다고 생각했다. 임금도 노동자의 생존 수준에 머물러야 한다는 과격한 주장도 그는 서슴지 않았다. 이와 같은 극단적인 주장 때문에 당시는 물론이고 지금도 많은 사람들이 그를 곱지 않은 시선으로 바라본다. 물론 당시 사회 부유층과 자본가로부터는 대환영을 받았다.

맬서스의 암울한 전망과는 달리 오늘날 인간은 소멸되지 않았다. 그의 대전제에 문제가 있었을 뿐만 아니라 그가 간과했던 몇 가지 사실들 덕분이다. 첫째, 인간은 보다 풍요로운 생활을 유지하면 인구 증가를 스스로 억제한다. 교육 수준과 경제 수준이 높은 사람들의 출생률이 낮은 것이 대표적인 증거다. 둘째, 과학기술의 발달이다. 농업과 공업 생산의 속도가 인구 증가 속도를 앞설 만큼 빨라

| 세계 인구의 변화 | |
|---|---|
| 시기 | 인구(백만 명) |
| 기원전 10만 년 | 1 |
| 기원전 1만 년 | 5 |
| 1 | 250 |
| 1000 | 250 |
| 1340 | 440 |
| 1650 | 600 |
| 1750 | 770 |
| 1850 | 1,240 |
| 1950 | 2,500 |
| 2000 | 6,236 |

출처: P, Malanima(2009), Pre-Modern European Economy,

전 세계적인 규모로 움직이기 시작한 돈

졌기 때문이다. 산업혁명 이후 통계를 보면 일인당 소득이 증가하면서 인구도 함께 증가하는 현상이 실현됐다.

하지만 맬서스의 책을 쓰레기통으로 던지기에는 이르다. 세계적으로 과잉 인구와 자원 고갈 문제가 여전히 남아 있다는 점에서 인구에 대한 그의 이론은 여전히 유효할 수 있다. 맬서스가 훨씬 더 장기적인 관점에서 미래 사회를 우려했던 것인지 모른다.

| 곡물법 |

# 무역이 자유로워야
# 빵을 먹을 수 있다

⊂ 경제에 눈을 뜬 재테크 귀재 ⊃

맬서스와 같은 시대를 살면서 때로는 절친 사이로, 때로는 치열한 논쟁 상대로 살았던 또 한 명의 고전학파 경제학자가 있다. 데이비드 리카도(David Ricardo, 1772~1823)다. 그 역시 유복한 가정에서 태어났다. 그의 아버지는 네덜란드에서 증권중개업으로 많은 돈을 번 후 영국으로 이민을 왔다.

런던에서 태어난 데이비드 리카도는 아버지의 영향으로 증권중개업을 시작했고, 청년이 됐을 때 이미 상당한 재산을 모았다. 프랑스와의 전쟁으로 헐값이 된 영국 국채를 대량으로 구입한 후, 영국의 승리로 국채 가격이 올랐을 때 되팔아 상당한 돈을 번 일화로 유명하다.

리카도가 경제학자의 길로 들어선 데는 애덤 스미스의 《국부론》이 큰 영향을 미쳤다. 우연히 《국부론》을 읽은 리카도는 경제 문제에 관심을 갖기 시작했으며 곧 그의 열렬한 추종자가 됐다. 이미 상당한 재산을 갖고 있던 그는 일을 그만두고 경제 문제 연구에 전념했고, 마침내 고전학파 경제학에서도 중심 학자로 우뚝 섰다. 국회의원으로도 활약했다.

리카도에게 큰 도움이 된 사람 가운데 하나가 여섯 살 위의 맬서스였다. 리카도는 이미 유명해진 맬서스와 끊임없이 토론을 벌이면서 자신의 지식을 늘려나갔으며 이론의 깊이를 더해갔다. 리카도는 맬서스와의 토론에 대해 이렇게 글을 썼다.

"우리 의견에 차이가 있을 때 나는 그의 생각이 잘못됐다는 것을 납득시키려고 고심했는데, 이것이 나의 사고의 폭을 더욱 심화, 확충시켰다. 때로는 그를 납득시키지 못하고 다른 사람들도 만족시키지 못했지만, 나 자신은 더욱 확고한 신념을 가질 수 있었다. 내 안에서 일관된 이론을 제대로 정립할 수 있었다."

맬서스 역시 리카도에 대해 "내 가족을 제외하고 일생을 통해 그토록 사랑했던 인간은 없었다"고 회고했다. 동일한 경제 문제에 대해 상반되는 견해를 지녔음에도 불구하고 두 사람의 사이는 매우 가까웠다. 상당한 재산을 보유한 리카도가 자신의 유서에 3명의 재산 상속인 중 한 명으로 맬서스를 지목했을 정도이니 두 사람이 얼마나 가까웠는지를 짐작할 수 있다.


## ⊂ 지주를 위한 곡물법 ⊃

두 사람이 서로 존경하면서도 끝까지 격렬하게 토론했던 경제 문제 가운데 하나가 곡물 수입이었다. 이른바 곡물법(Corn Laws)을 둘러싼 논쟁이다. 영국은 1815년에 곡물 수입을 규제하는 곡물법을 제정한 후 약 30년 동안 시행했다.

곡물법이 제정되기 전, 18세기 말 즈음 영국은 곡물을 많이 수입하고 있었다. 영국과 프랑스 사이에 전쟁이 벌어지자 나폴레옹은 대륙 봉쇄령을 내려 영국으로의 곡물 수출길을 차단했다. 이로 인해 영국 내 곡물 가격이 급등했다. 국내 곡물 생산도 흉작이었다. 이때 나폴레옹이 모스크바 원정에서 패퇴하고 권좌에서 물러나면서 상황이 반전됐다. 영국 내 곡물 가격이 최고가 대비 절반 수준으로 급락했다.

곡물 가격이 하락하면 좋은 것 아닌가 하고 생각하면 오산이다. 이를 달갑지 않게 본 사람들도 있다. 곡물 가격이 하락해 자신이 거두는 지대가 줄어든 지주 계급이다. 지주들의 압력에 의해 영국은 외국에서 저가의 곡물이 수입되는 것을 막기 위해 곡물법을 통과시켰다. 곡물법 때문에 가난한 사람들이 더 저렴한 가격으로 곡물을 소비할 수 있는 기회가 사라졌다.

당연히 곡물법을 둘러싼 찬반 논쟁이 뜨거울 수밖에 없었다. 지주 계급은 곡물 수입 규제를 지지했다. 생계 수준에 맞춰 노동자에게 임금을 더 줘야 했던 자본가 계급은 곡물 가격 상승이 달가울 리 없었으므로 곡물법에 반대했다. 이 논쟁의 한가운데에 맬서스와 리카도도 있었다. 맬서스는 곡물법을 지지했고, 리카도는 곡물법을 반대했다.

## ⊏ 맬서스는 수입 억제, 리카도는 수입 자유화 ⊐

맬서스의 논리는 이렇다. 농업이 쇠퇴한 국가는 공업국으로도 성장할 수 없다. 외국에 식량을 의지하는 국가는 경제 전체가 외국에 의해 좌우되기 때문이다. 비싼 곡물 가격은 지대를 상승시키고 지주의 수입을 증가시킨다. 이는 시장 수요를 늘려 경제 성장에 도움이 된다.

리카도는 지주 중심적으로 논리를 전개한 맬서스에 대해서 정면으로 반박했다. 비싼 곡물 가격으로 지주는 이익을 얻지만, 노동자는 피해를 입는다. 생계를 유지해야 하는 노동자는 임금 인상을 요구할 것이며, 자본가는 노동자의 임금을 생계 수준으로 인상해야 하므로 자본가의 이윤이 그만큼 감소한다. 그 결과 자본가가 새로운 투자를 할 수 없게 돼 노동자의 일자리가 줄어들고 경제가 불황에 빠진다. 한마디로 곡물법은 노동자와 자본가의 희생을 바탕으로 지주에게만 유리한 정책이다.

맬서스가 곡물법을 지지한 데는 자신이 우려했던 인구 증가를 억제하는 데 비싼 곡물 가격이 도움된다는 판단도 작용했다. 노동자들을 도와주기 위해 외국에서 곡물을 저가로 수입하면 노동자들의 생활이 여유로워진 만큼 자식을 많이 낳아 인구가 과잉된다는 우려 때문이었다.

반대로 리카도는 소수의 지주보다는 다수의 노동자를 위한 정책이 영국 경제에 도움이 된다고 생각했다. 곡물 가격이 하락하면 노동자들의 식비 지출이 감소하므로 다른 재화를 소비할 여력이 늘어나 경제가 활성화된다는 것이다. 리카도의 입장에서 지주는 별다른 경쟁 없이 소파에 앉아 지대를 받으며 편안하게 지내는 계급에 불과했다.

곡물법은 영국에서 30년 동안 생명력을 유지했다. 두 사람 모두 곡물법의 결말을 목격하지 못하고 세상을 떠났다. 여섯 살이나 젊었던 리카도가 먼저 사망했고 11년 후 맬서스도 세상을 등졌다. 그리고 12년이 지난 1846년, 마침내 곡물법은 폐지됐고 영국에서 곡물 수입이 자유화됐다. 영국이 곡물법을 폐지한 결정적 계기는 경제적 논리가 아니었다. 바로 아일랜드의 감자병 때문이었다. 주식이었던 감자 생산이 급감해 굶어 죽는 아일랜드인이 속출하자 영국은 농산물 수입을 허용하지 않을 수 없었다.

한편 두 사람이 속해 있던 계급과 신분을 놓고 보더라도 두 사람의 논쟁에서 흥미로운 사실을 하나 발견할 수 있다. 대학교수가 된 맬서스는 월급을 받고 생활하는 입장에서 오히려 지주 계급을 옹호했다. 반면에 자신의 재산으로 토지를 매입해 대지주가 된 리카도는 지주 계급을 비판하며 반 지주 정책을 지지했다. 자신의 신분과 개인 이익을 초월해서 옳다고 생각하는 정책을 주장했다는 점에서 이들을 높이 평가할 수 있다.

역사는 되풀이된다. 영국의 곡물법 논쟁 같은 논쟁이 우리나라에서도 쌀 수입을 둘러싼 논쟁으로 벌어졌다. 최근 많이 줄어들기는 했지만 그 논쟁은 여전히 진행형이다. 한쪽에서는 쌀 수입으로 농가가 입을 피해가 크므로 쌀 시장을 걸어 잠그라고 주장한다. 다른 한쪽에서는 쌀 수입 허용이 특히 저소득층의 식비를 줄이는 데 도움이 된다며 개방을 주장한다. 맬서스와 리카도가 살아 있다면 이 문제에 대해서 어떤 입장을 취할지 궁금하다.


## ⊂ 최대 행복의 원리를 주장한 벤담 ⊃


곡물법을 둘러싼 논쟁을 보고 있노라면 경제 정책의 결과로 집단마다 이득과 손실이 달라지므로 정책을 결정하는 일이 매우 힘들다는 것을 알 수 있다. 모두에게 이득만 주는 정책은 없다. 손실이 예상되는 집단은 반대를, 이득이 예상되는 집단은 찬성을 내세우기 마련이다. 논쟁 때문에 정책을 수립하지 않고 정부가 뒷짐만 지고 있을 수는 없다. 정부는 어떤 정책을 수립해야 할까?

또 한 명의 고전학파 경제학자인 제러미 벤담(Jeremy Bentham, 1748~1832)에게서 '하나의' 해답을 찾을 수 있다. 물론 '유일한' 해답은 아니다. 벤담이 사용한 용어는 '쾌락'과 '고통'이었다. 현대 경제학 용어로 해석하자면 '편익'과 '비용'에 해당하는 셈이다. 쾌락을 추구하고 고통을 피하는 것이 인간이다. 그러므로 법이나 정책의 옳고 그름은 그것에 의해 야기되는 사회 구성원의 쾌락 합과 고통 합을 비교하여 판단할 수 있다는 것이 그의 주장이었다.

이른바 공리주의(utilitarianism)다. 이 사상은 "최대 다수의 최대 행복이 윤리와 입법의 토대다"라는 문구로 상징된다. 사회 전체의 편익이 비용보다 큰 방향으로 정책을 써야 한다는 뜻이다.

전 세계적인 규모로 움직이기 시작한 돈

# 돈이 가진 자유에 대해
# 의문을 품은 사람들

## ⊂ 수입 억제는 자원 낭비를 초래 ⊃

리카도는 곡물 수입으로 영국에서 돈이 빠져나가는 것을 너무 두려워할 필요가 없다고 생각했다. 영국 역시 다른 물건을 수출해서 돈을 벌 수 있으므로 자유무역이 영국에게 손해될 게 없다는 입장이었다. 반대로 곡물 수입을 억제하면 식량 자급을 위해 비옥하지 않은 땅까지 억지로 경작해야 한다. 하지만 자원을 비효율적으로 사용하게 되므로 농업 생산성이 떨어지는 결과를 초래할 뿐이라고 그는 주장했다.

리카도의 자유무역 논리는 애덤 스미스의 자유주의 사상과 맥을 함께한다. 아마도 《국부론》의 영향을 받은 탓일 것이다. 예를 들어 애덤 스미스는 다음과 같이 무역에 대한 규제와 간섭에 반대했다.

"어떤 강요나 제한 없이 양국 간에 자연스럽고 규칙적으로 수행되는 무역은 양자 모두에게 유리하다."

"국내 생산품과 경쟁할 수 있는 외국 생산품의 수입을 제한하면 생산자의 이익을 위해 소비자의 이익이 희생된다. 소비자는 독점 때문에 비싸진 가격을 지불해야 하며 그것은 생산자에게 이득이 될 뿐이다."

1817년에 발간한 대표 저서 《정치경제학과 과세의 원리》(On the Principles of Political Economy and Taxation)에서 데이비드 리카도는 단순히 애덤 스미스의 자유무역 주장을 반복하는 차원이 아니라 한 차원 뛰어넘는 '비교생산비의 원리'라는 훌륭한 업적을 통해 자유무역의 근거를 제시했다. 청출어람은 이런 때 쓰는 말이다.

이 책의 서문에서 리카도는 "애덤 스미스의 《국부론》을 대신할 수 있는 책을 펴낸다는 생각은 없으며 단지 그가 완전히 해결하지 못한 문제를 주로 다룬다"고 겸손하게 말했다. 하지만 리카도의 《정치경제학과 과세의 원리》는 《국부론》 못지않은 영향을 당시와 후세 경제학자에게 주었다. 마르크스는 리카도를 '과학적 경제학자'라고 평가했다. 두 개의 재화와 두 개의 국가가 있을 때, 각국은 상대국보다 저렴하게 생산하는 재화에, 즉 절대우위를 지닌 재화에 특화해 생산한 후 서로의 생산품을 자유롭게 무역하면 두 국가 모두 이득을 얻을 수 있다는 것이 스미스의 논리였다. 이것이 절대

우위론이며 많은 사람이 이 논리에 동의했다.

한편 리카도는 자신의 저서에서 사람들의 눈을 의심케 하는 색다른 주장을 했다. 비록 한 국가가 다른 국가보다 두 상품 모두 저렴하게 생산하더라도, 즉 두 상품 모두에 절대우위를 지니고 있더라도, 두 국가가 한 가지씩 재화를 나누어 특화 생산하고 무역하는 것이 모두에게 이득이라는 논리다. 이것이 데이비드 리카도의 비교우위론이다. 비교우위론은 절대우위론을 일반화시켰으며, 지금까지 자유무역의 기본 경제 이론으로 확고하게 자리하고 있다.

## ⊏ 사다리 걷어차기 ⊐

고전학파 경제학의 영향을 받아 19세기 후반 유럽에서는 중상주의적인 보호무역 정책에서 벗어나 자유방임주의적 자유무역 정책이 확산됐다. 특히 세계의 공장으로서 압도적인 공업 경쟁력을 지닌 영국은 자유무역에서 이익을 가장 많이 얻을 수 있는 조건을 지녔으므로 적극적으로 자유무역 정책을 추진했다. 유럽의 다른 국가들도 공업화가 진전되고 경제 활동이 활발하게 이루어지는 시기에 자급자족의 폐쇄 경제로는 지속적인 경제 성장에 한계가 있다고 보고 자유무역을 지향했다. 각종 관세가 철폐 또는 인하되는 등 자유무역이 대세였다.

그러나 수백 년이 흐른 지금 이 순간에도 보호무역을 주장하는 논리가 거세듯이, 당시에도 자유무역에 반대하는 목소리가 완전히 사라진 것은 아니었다. 영국을 제외한 일부 유럽 국가 입장에서는 자국 산업의 발전 기회를 영원히 놓치는 자유무역을 액면 그대로 받아들이기 힘들었으며 자유무역을 영국 자본주의의 이익을 대변하는 논리라고 평가했다.

특히 당시 경제 발전에서 영국이나 프랑스에 뒤져 있던 독일에서의 반대 목소리가 두드러졌다. 자유무역 논리에 반박하는 학자들도 많이 등장했다. 프리드리히 리스트(Friedrich List, 1789~1846)는 보호주의를 주장한 독일 경제학자 중 한 사람이다. 그는 아직 통일되지 않은 채 여러 영방(Territorialstaat)으로 구성된 독일 내에서의 자유무역은 환영했지만, 영국과의 무역에서는 보호가 필요하다고 역설했다. 자유무역은 경쟁국이 뒤따라오는 것을 방해하기 위한 사다리 걷어차기에 불과하며, 유사한 발전 수준에 있는 국가 사이에서나 바람직하다고 주장한 것이다.


⊂ 국가 발전 단계에 어울리는 경제학이 필요해 ⊃


리스트의 보호주의는 '유치산업 보호론'으로 불린다. 아직 산업화 초기 단계에 있는 산업들은 선진국에 비해 유치원생 수준, 즉 유치산업(infant industry)에 머물러 있는 상태다. 유치원생이 교육을 받아 성숙한 어른으로 자라듯, 정부가 유치산업을 보호하고 육성해 경쟁력을 지닌 성숙산업으로 발전시켜야 한다는 주장이다. 유치산업 보호론은 현대 경제에서 보호무역을 주장하는 사람들의 핵심 근거 가운데 하나로 여전히 유효하게 인용되고 있다. 이처럼 영국의 자유주의를 비판하며 독일의 특수한 경제 상황에 맞는 이론을 개발한 독일 경제학자들을 독일 역사학파(The German Historical School)라고 부른다. 영국의 고전학파에 반발해 독일에서 시작된 독일을 위한 경제학을 개척한 학파다. 이들은 각국의 역사적 배경과 특수성을 고려해서 경제 이론을 개발해야 한다는 신념을 지녔다. 고전학파 경제학자들이 내세우는 자유주의 경제학은 영국 같은 선진국에나 타당한 이론이며, 산업 자본주의가 덜 발달된 국가에는 적합하지 않다고 주장한다.

독일의 산업화나 산업혁명 과정은 영국과 사뭇 달랐다. 영국의 시민혁명이나 프랑스의 대혁명 같은 시민혁명을 경험하지 못한 독일에는 새로운 생산 방식을 주도할 만한 시민 계급이 취약했다. 따라서 국가가 대신해 산업혁명의 주체로 나섰다. 이른바 '위로부터의 개혁'을 통해 근대화가 시작된 것이다.

영국에서는 개인이 축적한 자본이 산업화에 필요한 자본으로 공급됐다면, 독일에서는 은행을 통해 산업화 자본이 공급됐다. 국가가 산업화를 가로막는 중세적 틀을 인위적으로 폐지하고 다양한 개혁 조치를 도입했다. 공과대학교를 설립해 학문 발전을 도모하고 직업교육을 강화했다. 이러한 국가의 노력과 양질의 노동력이 결실을 맺어 독일 경제는 비약적으로 성장하며 유럽의 떠오르는 별이 됐다.

# 목줄이 풀린 야수는
# 결국 주인을 죽일 것이다

## ⊏ 공동체의 행복 실현을 주장한 사회주의 ⊐

자본주의가 급속히 발달한 근대 유럽 사회에서 드러난 심각한 문제는 가난한 노동자 계급의 탄생, 자본가와 노동자 사이의 빈부 격차였다. 산업혁명을 거치면서 이전과는 비교가 안 될 정도로 많은 물건이 생산됐다. 하지만, 노동자들은 여전히 윤택한 생활을 향유하지 못했다. 왜 그랬을까? 그런 상태에서 벗어날 수는 없었을까?

당시 모든 학자는 이와 같은 문제에 관심을 갖고 나름대로의 원인 분석과 처방을 내렸다. 고전학파 경제학자였던 맬서스나 리카도도 그중 하나였다. 모든 사람이 비슷한 처방을 내리지는 않았으며 완전히 새로운 처방을 제시한 사람들도 있었다. 바로 사회주의자들이다.

사회주의자들은 자본주의 사회가 만들어낸 사회문제와 모순을 비판하고 대안을 제시하려고 노력했다. 가장 구체적인 실천가는 로버트 오언(Robert Owen, 1771~1858)이었다. 대장장이의 아들로 태어나 평범한 노동자 생활을 했던 오언은 뛰어난 능력으로 공장장이 됐으며 자신의 공장을 인수해 사업가로 성공했다.

노동자의 처참한 현실을 직접 경험한 오언은 1000명 내외로 구성된 협동마을 건설을 제안했다. 협동마을은 오늘날 이스라엘의 키부츠 같은 생산 단위 공동체다. 그러나 영국에서의 협동마을 건설이 벽에 부딪히자 그는 미국으로 건너가 이 실험을 감행했다. 자본주의 공장보다 더 많은 부를 창출할 수 있다고 확신했으나 이 마을은 2년 만에 문을 닫았다. 소규모의 마을 실험조차 성공하지 못했음을 보면, 훗날 소련이 거대한 사회주의 국가 건설을 시도한 것이 얼마나 허황됐는지 충분히 짐작할 수 있다.

협동마을 건설에는 실패했지만 오언의 영향으로 영국에서는 노동계급이 연합하기 시작했다. 생산자 협동조합과 소비자 협동조합 운동도 활발하게 전개됐다. 소비자 협동조합은 훗날 영국 노동당의 주축 세력이 됐다.

프랑스의 사회주의자 피에르 조제프 프루동(Pierre-Joseph Proud-hon, 1809~1865)은 "재산은 도적질해서 모은 돈"이라며 사유재산제를 강력하게 비판하고 나섰다. 그는 사유재산제와 자본주의의 대안으로 모든 악의 근원인 화폐를 없애고 노동으로 교환하는 사회를 제시하는 등 과격한 입장을 취했다. 마르크스조차 프루동의 인식은 비현실적이라고 비판했을 정도였다.

## ⊏ 조국에서 추방당한 마르크스 ⊐

카를 마르크스(Karl Marx, 1818~1883)는 '과학적 사회주의자'임을 자처하며 역사적 토대 위에서 자본주의를 체계적으로 분석하려고 노력했다. 자본주의의 멸망을 확신하고 그에 대한 대안을 찾으려 했다. 특히 기존의 사회주의 움직임을 '공상적 사회주의'라고 평했다. 자본가들의 도덕성 문제를 비판하는 데 머무르는 등 탁상공론에 치중했다는 것이다.

  "지금까지의 철학자들은 세계를 해석하기만 했다. 그러나 중요한 것은 세계를 변혁하는 일이다."

마르크스의 삶은 파란만장 그 자체였다. 성공한 유대인 변호사의 아들로 독일에서 태어난 마르크스는 아버지의 기대를 저버리고 법학보다 철학에 관심을 가졌다. 철학 박사 학위를 마쳤지만 교수직을 얻는 데 실패하자 언론인으로서 사회생활을 시작했다. 하지만 독일 당국에서 신문의 논조가 너무 급진적이라는 이유로 폐간시키는 바람에 일자리를 잃고 파리로 이주했다.

그는 파리의 사회주의자, 급진주의자들과 교류하면서 사회주의 사상을 접하고 자신도 사회주의자가 됐다. 그러나 혁명을 선동한다는 죄목으로 프랑스에서도 추방당했으며, 이후에도 가는 곳마다 추방이 이어졌다. 이 과정에서 마르크스는 프리드리히 엥겔스와 힘을 합쳐 공산주의자 동맹을 결성하고 1848년에는 《공산당 선언》(Manifest der Kommunistischen Partei)을 발표했다.

런던으로 망명한 마르크스는 죽을 때까지 영국에 머물렀다. 런던에 도착한 이후 그는 대영박물관 도서관에서 하루도 빠짐없이, 온종일 경제학을 파고들었다. 그가 도서관에서 책을 읽을 동안 가족의 생활은 형편이 나빠졌으며 자녀가 영양실조와 병으로 죽기도 했다. 노동자의 빈곤 문제를 해결하려 고민했던 그가 정작 자신의 가족을 빈곤 상태로 방치했다는 사실은 역설적이다. 그나마 친구인 엥겔스가 정기적으로 돈을 보내 가족 생계를 도와주었다. 그리고 마르크스가 집중 연구 끝에 1867년에 출판한 책이 바로 《자본론》(Das Kapital, 영어로는 Capital. A Critique of Political Economy)이다.


## ⊏ 노동을 착취하는 자본주의 ⊐


《자본론》을 통해 마르크스는 자본주의 타도와 노동자 계급의 해방을 외쳤다. 마르크스의 생각은 세 단계로 정리할 수 있다.

기존의 사회가 근대 자본주의 사회의 역학 관계에 의해 스스로 해체되는 것이 1단계다. 생산력의 발전과 생산 관계에서 발생하는 알력들이 자본주의의 해체를 가속화한다. 2단계에 이르면 사회주의 혁명이 기존 사회를 해체한다. 마지막 3단계에는 전도가 유망한 새로운 사회가 탄생한다.

"사회는 진화한다"는 마르크스의 믿음은 "생물은 자연 선택에 의해 진화한다"는 찰스 다윈(Charles Darwin, 1809~1882)의 영향을 받은 결과였다. 마르크스는 자신의 책 《자본론》을 다윈에게 보내며 감사를 표했다고 한다. 그러나 마르크스는 자본주의의 모순을 지적하는 데 중점을 두었을 뿐, '새로운 사회'가 구체적으로 어떤 사회인지에 대해선 구체적으로 제시하지 못했다. 엥겔스가 《자본론》에 대한 서평에서 "이 책에 대해 실망하는 독자가 있을지도 모른다"라고 말한 이유가 여기에 있다.

마르크스는 자본주의 사회에서는 모든 것이 상품이며, 노동력 역시 중요한 상품이라고 봤다. 모든 상품에는 교환가치가 있으며, 노동력의 교환가치는 바로 임금이다. 임금은 노동자와 가족에게 필요한 생계비 수준에 머무르는 데 비해 노동력은 임금 이상의 가치를 만들어낸다. 노동력이 임금 이상으로 만들어내는 가치가 바로 잉여가치다.

그러나 자본가는 이 사실을 간과한다. 예를 들어 노동자가 하루 10시간 일을 하면, 자본가는 6시간에 해당하는 부분만 임금으로 주며 나머지 4시간의 노동은 자본가가 이윤으로 챙긴다. 마르크스는 이것을 "노동자가 창출한 가치의 일부를 자본가가 착취하는 것"

이라고 보았다.

> "한때 부자였던 사람은 이제 자본가가 돼 당당히 거리를 활보하고 있
> 다. 그러나 내세울 것이라고는 노동력밖에 없는 사람들은 노동자로서
> 그에게 종속돼 있다. 자본가들이 만면에 웃음을 지으며 차곡차곡 부를
> 쌓아가는 동안, 자신의 온몸을 내던져 일하는 노동자들은 다 쓰러져가
> 는 집에서 생활하며 풍족하지 않은 식량만을 조달할 수 있을 뿐이다."

## ⊏ 경쟁은 자본주의 발전의 원동력이자 해체 요인 ⊐

마르크스는 '경쟁'의 양면성을 파고들었다. 자본가가 생산성을 높
이려고 노력하는 이유는 경쟁에서 살아남기 위함이다. 자본가는
더 저렴한 제품을 만들고 시장 점유율을 높이기 위해서 투쟁하는
존재다. 이러한 자본가의 투쟁이 멈출 리 없으므로 자본주의 발전
의 원동력은 바로 경쟁에 있다.

　동시에 경쟁에는 다른 측면도 있다. 자본주의 사회에서 기계에
대한 투자가 증가할수록 이윤율이 점차 하락하므로(이윤율 저하의
법칙), 경쟁은 궁극적으로 자본주의 사회의 해체를 초래한다고 꼬
집었다. 이윤율이 저하되는 것을 막기 위해서 자본가들이 할 수 있
는 수단은 오로지 노동자로부터 착취를 늘리는 것뿐이다.

　마르크스는 자본주의가 몰락할 수밖에 없는 또 다른 근거를 기

계에 대한 의존도 심화에서 찾았다. 자본주의 사회에서는 노동을 대신하는 기계에 대한 의존도가 높아지며 이로 인해 실업자가 증가한다. 마르크스는 실업자를 군대 예비군에 비유해 '산업 예비군' 이라고 불렀다.

실업자가 증가하면 노동 조건이 악화된다. 임금 하락으로 소비자들의 구매력이 저하되면 문을 닫는 공장이 속출하고 실업자는 더욱 증가한다. 이와 같은 현상이 반복되면서 궁극적으로 자본주의 사회는 무너진다는 것이 마르크스의 예측이었다. 그러므로 사유재산제를 부정하고 생산 수단을 공유하는 사회주의가 바람직하다고 마르크스는 굳게 믿었다.

## ⊂ 여전히 발전하고 있는 자본주의 ⊃

《자본론》이 처음 선보였을 당시 사회의 반응은 미적지근했다. 초판 1000부가 다 팔리기까지 5년이란 긴 시간이 걸렸다. 하지만 이 책이 세계사에 미친 파장은 실로 엄청났다. 수백만 명의 노동자 계급이 자신들의 역사적 사명을 인식하기 시작했으며, 여러 국가에서 사회주의 정당이나 공산주의 정당이 생겨나 적지 않은 정치력을 발휘했다.

《자본론》의 영향을 가장 크게 받은 국가는 자본주의가 제대로 뿌리내리지도 못한 농업 국가 러시아였다. 러시아 공산당은 혁명가들로 구성된 작은 집단에서 출발했다. 그 핵심 인물이 블라디미르 레닌(Vladimir Lenin, 1870~1924)이다. 러시아 공산당은 1917년 두 차례의 혁명을 진두지휘하며 세계 최초로 사회주의 국가인 소련을 탄생시켰다. 소련의 뒤를 이어 다수의 사회주의 국가들이 탄생했고 세계 인구의 3분의 1 정도가 사회주의 실험에 참가했다.

그러나 지구상의 사회주의 실험은 모두 실패로 끝났으며 사회주의 국가는 소멸됐다. 자본주의의 멸망이라는 마르크스의 예언은 '저주'로 그쳤으며 오히려 사회주의가 멸망했다. 여전히 착취가 남아 있는 것은 사실이지만 마르크스의 주장과는 달리 노동자 계급은 전반적으로 이전에 비해 훨씬 향상된 생활 수준을 누리고 있다. 자본주의가 발전한 선진국에서도 노동자가 전체 국민 소득의 3분의 2를 가져가고 있으며 이윤도 일부가 노동자의 몫이 되고 있다. 투자가 증가할수록 이윤율이 저하할 것이라는 마르크스의 예상도 사실이 아닌 것으로 드러났다. 자본주의 사회는 소멸은커녕, 발전에 발전을 거듭하고 있다.

그렇다고 하더라도 마르크스 사상이 완전히 실패했고 소멸했다고 단정 지을 수는 없다. 소련과 기타 사회주의 국가들은 깃발을 내렸지만, 여전히 많은 국가에 사회민주주의를 표방하는 정당들이 남아 있으며 정책 결정에 적지 않은 영향력을 발휘하고 있다. 또 자본주의 사회가 스스로 빈부 격차 문제를 해결할 수 있을지 지켜볼 필요가 있다.

# 반복되는 돈의 선택
# 그리고 위기라는 기회

# 돈은 자신의 권력을
# 나누지 않는다

⊏ 자유 경쟁의 산물이거나 공존의 방편이거나 ⊐

산업혁명의 결과로 경제에는 이제껏 경험하지 못했던 여러 가지 변화가 나타났다. 그 가운데 하나가 독점화 현상이다. 개인 소유의, 또는 소규모 파트너십 형태의 기업들이 서로 치열하게 경쟁하던 시기가 지나고 주식회사 형태의 소수 대기업이 시장을 지배하는 독과점 현상이 두드러지기 시작했다. 자본주의 발달 과정에서 기업이 대형화하고, 소수의 대기업에 자본과 생산이 집중되는 단계를 독점 자본주의라고 부른다.

독과점화는 자유 경쟁을 기본으로 하는 자본주의 체제에서 흔히 나타나는 현상이다. 기업들은 각자 더 유리한 위치에 올라서기 위해서 새로운 기술과 기업 조직을 끊임없이 도입한다. 일부 기업은 경쟁에서 밀려 후퇴하고, 경쟁에서 이긴 기업을 중심으로 이윤이 축적된다. 그리고 경쟁에서 탈락한 기업을 흡수한 기업이 몸집을 더 불리면서 점차 독점적 지위를 공고히 다진다. 바로 독과점 기업이 형성되는 과정이다.

기술 혁신과 신공업의 출현도 독과점 형성과 관련이 있다. 기술 혁신에 힘입어 더욱 정교하고 값비싼 대형 기계와 장비가 속속 도입되면서 더 많은 자본, 더 큰 규모의 공장, 더 대형화된 기업이 유리해지기 때문이다. 발전소, 화학, 자동차처럼 규모가 경쟁력을 좌우하는 산업이 이러한 사례에 해당한다.

치열한 경쟁으로 다 같이 손해를 보거나 일부 기업이 파산하는 결과를 맞이하는 대신 서로 협정을 통해 경쟁을 지양하면서 공존하는 길을 모색하기 위해 인위적으로 독점을 형성하려는 기업들도 있다. 19세기 말에 불어닥친 심각한 경기 불황과 치열한 경쟁의 후유증으로 이윤의 감소를 경험한 기업들은 이 방법에 주목했다. 뜻을 함께하는 기업들이 연합해 공동으로 독점 이윤을 추구하기 시작했다. 이 당시 기업들이 독점 이윤을 추구하는 방법에는 크게 두 가지가 있었다. 바로 카르텔과 트러스트다.

## ⊏ 독점 이윤을 추구하는 기업 조직 ⊐

카르텔(cartel, kartell)은 같은 산업에 종사하는 기업들이 각자의 독립성을 유지하면서 가격, 생산량, 판로 등에 대해서 협정을 맺어 상호 경쟁을 배제하고 자신들의 이윤을 공동으로 보장하는 형태의 기업 연합체를 말한다. 하나의 기업으로서 독점을 형성하는 것이 아니라 기업들이 서로 연합해 하나의 기업처럼 뜻을 모아 행동하는 것이다. 카르텔의 대표적인 사례가 오늘날의 석유수출국기구(OPEC)다. 단, 카르텔 기업들은 각자 독립성을 지니므로 언제든지 협정이 깨질 가능성이 존재한다는 한계가 있다.

그래서 일부 기업들은 카르텔보다 더 강력하게 독점력을 확보·유지할 수 있는 조직을 찾았다. 그것이 트러스트(trust)다. 트러스트는 같은 산업의 기업들을 하나로 결합해 독점을 형성하는 기업 조직이다. 카르텔보다 기업 사이의 결합 정도가 강하고, 참여 기업은 의사결정의 독립성을 포기하는 특징이 있다.


## ⊏ 독일은 카르텔, 미국은 트러스트 ⊐

유럽에서 독점적인 기업 조직이 가장 먼저 형성된 곳은 독일이었다. 고전학파의 자유방임주의를 배척하고 자국 산업을 보호해야 한다는 역사주의 시각이 지배했던 국가라는 점이 작용한 결과다.

독일에서는 독점 조직에 대한 반감보다는 우호적인 시각이 오히려 많았다. 유럽의 강국들과 경쟁해서 이기려면 강력한 대기업이 필요하다는 생각 때문이다. 독일 정부조차 기업의 독점 조직 형성을 권장했다.

독일의 가장 보편적인 독점 조직은 카르텔이었다. 1865년에 4개에 그쳤던 독일의 카르텔 수는 1896년에 250개, 1930년대에는 3000개로 급증했으며 독일의 모든 산업에서 카르텔이 형성됐다.

독일의 카르텔은 의도적으로 저임금을 유지하면서 기업 이윤을 확대했다. 국내에서는 높은 가격으로 상품을 판매하고 영국 등과 경쟁해야 하는 해외 시장에서는 덤핑 판매를 했다. 현재도 독일을 대표하는 전자제품회사 지멘스와 AEG, 화학회사 바이엘과 BASF 등은 모두 이때 정부의 지원으로 설립된 독점 자본 회사들이다.

반면에 자유주의 사상이 강한 영국에서는 카르텔 같은 독점 조직이 상대적으로 드물게 형성됐다. 가족 규모의 기업들이 많았던 점도 영국에서 카르텔 형성을 어렵게 만든 원인이다. 수천 개나 되는 소규모 기업이 뜻을 한데 모아 카르텔을 형성하는 일은 상상하기 힘들었을 것이다.


## ⊂ 자연의 법칙인가 인간의 법칙인가 ⊃


미국에서도 다양한 형태의 독점 조직이 형성됐지만 독일과 달리 트러스트가 보편적이었다. 가장 대표적인 미국의 트러스트는 존 록펠러(John D. Rockefeller, 1839~1937)에 의해 주도된 스탠더드 오일 트러스트(Standard Oil Trust)다. 정유업자로 급성장한 록펠러가 1879년에 미국 내 수십 개 정유회사를 결합해 조직한 트러스트다. 스탠더드 오일 트러스트는 미국 정유와 송유관의 90퍼센트를 지배할 정도로 압도적이었다. 록펠러는 자신의 트러스트에 대해서 다음과 같이 변호했다.

> "대기업의 성장은 적자생존일 뿐이다. … 아메리칸 뷰티 장미는 그 주위에서 자라는 어린 싹들을 희생시켜야만 화려하고 향기로운 자태를 뽐낼 수 있다. 사업에서도 트러스트는 나쁜 것이 아니다. 자연의 법칙과 신의 섭리가 작용한 결과일 뿐이다."

미국에서는 스탠더드 오일 트러스트를 시작으로 1880~1904년에 318건의 다양한 형태의 기업 결합이 이루어졌다. 미국 제조업 자본의 40퍼센트에 해당할 정도로 엄청난 수치다. 예를 들어 철강왕 앤드루 카네기(Andrew Carnegie, 1835~1919)가 세운 US 스틸(US Steel)은 미국 철강 생산량의 3분의 2를 차지하면서 철강업을 주물렀다. 발명가 알렉산더 그레이엄 벨(Alexander Graham Bell, 1847~1922)이 설립한 AT&T는 미국 전화 시장의 독점권을 확보했다. 모두 부의 집중은 피할 수 없는 자연의 질서라는 인식이 있었기에 가능한 일이었다.

독점 체제는 경쟁을 제약하고 탐욕을 초래한다. 미국 내 트러스트들은 가격을 인위적으로 올려 막대한 이윤을 획득했다. 신규 기업의 진입과 도전을 차단했으며 노동자의 임금을 착취했다. 이에 미국인들의 피해와 불만이 속출했고 트러스트를 제재해야 한다는 목소리가 거세졌다.

미국 의회는 1890년에 셔먼법(Sherman Antitrust Law), 1914년에는 클레이턴법(Clayton Antitrust Act)을 제정하면서 독점 행위 규제에 나섰다. 미국에서 활발하게 활동하던 트러스트를 막는 데 초점을 둔다는 의미에서 법 이름에 '반트러스트(antitrust)'가 붙었지만, 트러스트뿐만 아니라 독점 전반을 규제하는 법이었다. 우리말로 옮기면 반독점법 또는 독점금지법이 된다. 결국 막강했던 스탠더드 오일 트러스트는 셔먼법에 의해 34개의 독립회사로 분리되고 말았다. 독점 금지 노력에 힘입어 미국의 독점 기업들은 위축되기 시작했으며 신규 기업들의 진출이 활발하게 이루어질 수 있었다.


⊂ 금융 자본주의의 확대 ⊃


독점화 현상은 산업뿐만 아니라 금융 분야에서도 진행됐다. 소수의 대기업에 자본과 생산이 집중되자 자본의 공급자 역할을 하는 금융 부문, 특히 은행도 대형화·독점화하기 시작한 것이다. 지역별로 영업하던 소규모의 은행들이 하나의 대형 은행으로 통합되고,

통합된 은행들을 지점 형태로 지배하는 체제가 형성됐다.

　미국의 경우 은행들의 결합이 진전되면서 1913년에는 머니 트러스트(Money Trust)라는 금융자본 집단이 나타났다. 현재 미국 월가의 핵심이자 미국 은행업계에서 최대 시가총액을 기록하고 있는 JP모건 체이스(J. P. Morgan Chase)의 대형화도 이때부터 본격화됐다. 영국도 예외가 아니어서 1920년 기준으로 5대 은행(Big 5)이 예금 총액의 83퍼센트를 차지했다. 사실상 이들 5개 은행이 영국의 은행 자본을 지배한 셈이다.

　대형 은행은 막강한 은행 자본을 바탕으로 독점적 기업에 자본을 제공하면서 기업을 직·간접적으로 지배했다. 때로는 기업 경영에 개입하면서 영향력을 확대했다. 산업 자본과 은행 자본이 떼려야 뗄 수 없는 관계가 된 것이다. 이런 점에서 독점 자본주의와 금융 자본주의는 동전의 양면이라 할 수 있다.

# 언제나 희생양을
# 요구했던 돈

⊂ 세계대전의 불씨를 당긴 경제 ⊃

20세기에는 두 차례의 세계대전이 발발했다. 1차 세계대전은 1914~1918년에, 2차 세계대전은 1939~1945년에 일어났으며 인류 역사상 가장 많은 인명 피해와 참혹한 결과를 남긴 전쟁으로 기록됐다. 1차 세계대전은 900만 명이 넘는 군인의 목숨을 앗아 갔고 부상 군인의 수도 2000만 명이 넘었다. 2차 세계대전의 피해는 더욱 컸다. 군인 1800만 명이 사망했으며 민간인 사망자는 그보다 많은 2900만 명에 이르렀다. 인류 역사상 처음으로 원자폭탄 피해도 있었다.

왜 인간은 결코 길지 않은 반세기 동안 두 차례나 세계전쟁을 치르게 됐을까? 두 차례의 세계대전이 경제 문제에서 비롯했다면 믿을 수 없을 것이다. 하지만 사실이다. 세상 모든 문제는 경제 문제에서 비롯하고 경제 문제로 귀결된다.

## ⊏ 제국의 침략 ⊐

자본주의가 급속히 발전한 유럽 각국에는 한 가지 공통점이 있었다. 아시아와 아프리카 대륙처럼 자본주의가 덜 발달한 지역을 식민지로 개척했다는 점이다. 자국의 생산 활동에 필요한 원료를 확보하거나 생산물을 안정적으로 내다 팔 수 있는 시장을 확보하는 데 있어 아시아나 아프리카는 매우 매력적이었다. 그만큼 자국 경제를 위해서 반드시 필요한 곳이었다.

이처럼 특정 국가가 다른 국가를 경제적·군사적으로 지배해 영토를 확장하는 정책이나 사상을 제국주의(imperialism)라고 한다. 국가의 경제 영토 확장을 추구한다는 점에서 팽창주의 또는 경제적 제국주의라고도 부른다.

레닌은 제국주의의 출현을 자본주의의 발달과 기술 혁신으로 인한 과잉 생산 문제 그리고 이윤 감소의 돌파구를 찾기 위한 필연적 현상이라고 해석했다. 레닌은 "제국주의는 자본주의의 최후 단계다"라고 주장했다.

유럽 열강은 식민지를 약탈하면서 막대한 경제적 이득을 챙겼다. 영국과 중국 사이에서 1840년에 발생한 아편전쟁도 제국주의 확장의 일환이었다. 영국은 공업 생산력에서 중국보다 월등히 앞서 있었지만 중국과의 무역에서는 적자를 면치 못했다. 중국에서 맛있고 질 좋은 차를 수입했지만, 반대로 중국에 수출할 만한 매력적인 상품이 없었던 탓이다.

영국이 자랑했던 면직물은 비단처럼 더 훌륭한 옷감을 보유하고 있던 중국에서는 인기가 없었다. 중국과의 무역은 적자를 낳았고, 영국의 은은 중국으로 대량 유출됐다. 비록 애덤 스미스의 영향으로 중상주의 사상이 한풀 꺾였지만, 영국의 입장에서는 은의 대량 유출을 보며 마냥 손 놓고 있을 수 없었다.

영국은 인도까지 개입시킨 삼각 무역 아이디어를 짜냈다. 영국이 인도에 면직물을 수출하고, 인도에서 생산되는 아편을 중국으로 수출한다. 그리고 중국에서 차를 수입하는 방식이다. 삼각 무역은 지금까지도 행해지는 무역의 한 형태다. 하지만, 문제는 영국이 중국에 수출한 것이 정상적인 상품이 아니라 아편이라는 데 있다.

인도산 아편이 중국에 광범위하게 퍼지자 중국 황제는 아편 거래를 금지하고 영국 상인들로부터 아편을 몰수해 없애버렸다. 그러자 아편을 무역했던 영국 동인도회사가 정부에 함대 파견을 요청하면서 중국은 아편전쟁에 휩싸였다. 중국의 포와 군함은 산업혁명으로 중무장한 영국의 현대식 포와 군함을 당해내지 못했다. 패배한 중국은 난징조약을 체결하고 영국에게 막대한 전쟁 배상금 지불했을 뿐만 아니라 홍콩도 빼앗기고 말았다.

## ⊂ 세계대전은 제국주의의 산물 ⊃

20세기 초, 아프리카 영토의 대부분은 영국, 프랑스, 독일, 벨기에,
이탈리아 등 유럽 국가의 침략에 난도질당했다. 특히 산업혁명을
가장 먼저 이룩한 영국은 일찌감치 식민지도 많이 차지했다. '해가
지지 않는 나라'라는 별명도 이때 붙었다. 1914년 기준으로 영국이

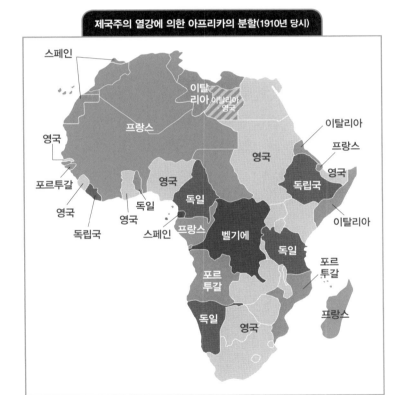

제국주의 열강에 의한 아프리카의 분할(1910년 당시)

보유한 식민지 수는 55개로서 프랑스의 29개, 독일의 10개보다 압도적으로 많았다. 서양 11개국이 전 세계 토지와 인구의 60퍼센트를 지배했으며 생산량의 79퍼센트를 차지했다.

유럽 각국이 식민지 경쟁을 벌인 덕에 더 이상 개척할 식민지가 없는 막다른 골목에 이르렀다. 영국 어느 정치인의 한탄은 당시 제국주의 실태를 여실히 드러낸다.

"영토 확장만이 살길인데. 마음 같아서는 하늘에 있는 별을 다 정복하고 싶지만 저렇게 멀리 있어 그럴 수도 없고."

국내의 기계가 멈춤 없이 돌아가며 상품을 대량 생산하고 있는 이상, 영토 확장에 대한 욕구를 멈출 수 있는 국가는 없었다. 그렇다면 그 결과는 무엇이었을까. 바로 열강끼리의 충돌이었다. 특히 영국이나 프랑스에 비해 식민지 개척에 뒤처졌던 독일의 불만과 욕구가 아주 컸다.

독일은 비록 산업혁명을 늦게 시작했지만 발전 속도가 빨라 영국에 필적할 만한 생산 능력을 보유한 상태였다. 독일은 "이제라도 만회해야 한다"고 생각했다. 어느 국가도 식민지를 양보하거나 협력하려는 생각이 없었으므로 열강들은 식민지 확보 또는 유지를 위해서 전쟁을 피할 수 없는 막다른 골목으로 들어섰다.

마침내 독일, 오스트리아, 헝가리 3국이 동맹을 맺고, 협상국인 영국, 프랑스, 러시아와 시작한 전쟁이 1차 세계대전이다. 전쟁이 시작되자 이탈리아, 일본, 미국 등이 협상국에 가입했으며, 불가리아는 동맹국에 가담하는 등 많은 국가가 속속 전쟁에 뛰어들었다.

　직접적인 원인은 1914년 사라예보에서 독일 동맹국인 오스트리아의 황태자가 암살당한 사건이지만, 근본적인 원인은 제국주의에 있다. 황태자 암살 사건은 세력 확장과 막강한 군사력 확충으로 만반의 준비를 하고 있던 유럽 열강, 특히 독일에게 전쟁의 명분을 주었을 뿐이다. 즉, 1차 세계대전은 식민지를 놓고 벌어진 비극이었다. 그래서 제국주의 전쟁이라는 또 다른 이름으로 불린다.

　1차 세계대전이 남긴 변화는 가히 획기적이었다. 우선 세계 경제의 주도권이 유럽에서 미국으로 넘어갔다. 유럽 협상국이 거액의 전쟁비용과 물자를 미국에서 빌린 결과다. 미국은 독일보다 협상국이 우세하다는 판단에서 협상국의 채권을 매입했다. 종전 후 미국은 채무국에서 채권국으로 지위가 바뀌었으며, 전 세계 금의 40퍼센트를 보유하는 국가로 탈바꿈했다. 유럽에 대한 수출도 급증해 대규모 무역 흑자를 기록하는 등 괄목할 만한 성장을 이룩했다.

　전쟁에서 협상국은 전쟁에서 이겼지만 진정한 승자가 아니었다. 전쟁 이후 영국의 생산 수준은 미국의 절반에도 미치지 않았고 프랑스는 이보다 더 못했다. 패전국 독일은 두말할 나위도 없었다. 경제학의 게임이론에서 말하는 치킨 게임(chicken game)의 전형적인 모습이다. 동일한 목적을 놓고 대립하는 두 집단이 모두 끝까지 포기하지 않을 때 양쪽 모두 나쁜 결과를 맞이하는 상황을 이르는 말이다.

# ⊂ 비현실적인 배상 규모 ⊃

1차 세계대전의 패전국은 많은 영토와 인구를 잃었으며 식민지도 내놓았다. 전쟁에서 이긴 협상국은 패전국에 보복 조치를 취했다. 특히 전쟁으로 국내 영토의 상당 부분에 피해를 입은 프랑스는 독일에 대해 엄청난 배상 요구를 관철시켰다. 독일의 일부 영토도 빼앗았다. 모두 독일이 유럽의 강국으로 성장하는 가능성을 원천적으로 봉쇄하려는 의도에 따른 결과다.

이러한 내용을 담은 조약이 1919년 베르사유 궁전에서 체결된 베르사유 조약이다. 이 조약에 의해 독일은 일부 영토와 모든 식민지를 잃어버렸다. 예를 들어 경제적 가치가 높은 슐레지엔 지역을 잃었으며 알자스로렌 지역은 프랑스에 넘어갔다. 공업 지역이었던 루르 지방은 협상국의 지배하에 놓였다.

영국 대표단의 일원으로 베르사유 조약에 참가했던 경제학자 케인스는 협상국들, 특히 프랑스가 독일에 대해 과도한 금액의 전쟁 배상금을 요구했다고 비판했다. 프랑스가 요구한 배상금은 적정 금액의 3배가 넘는다고 혹평했다. 전쟁으로 대부분의 산업 시설이 파괴된 독일에는 배상금을 낼 능력이 없으므로 가혹하고 비현실적인 요구가 계속된다면 세계는 다시 심각한 문제에 직면하게 될 것이라고 예언하기도 했다.

# ⊂ 현실이 된 케인스의 예언 ⊃

협상국이 배상금을 요구하자 독일은 '쉬운' 방법을 선택했다. 종이 돈을 찍어낸 것이다. 그러나 쉬운 방법에 대한 대가는 혹독했다. 독일 마르크화의 가치가 폭락했고 물가는 폭등했다. 1달러에 4.2마르크였던 독일 돈의 가치는 3년 후에 8000마르크를 줘야 1달러를 살 수 있을 정도로 폭락했다.

물가 폭등은 상상을 초월했다. 1913년에 100이었던 독일의 물가 지수는 10년 후 6570억이나 됐다. 물가가 10년 사이에 무려 65억 배 뛴 것이다. 이 정도면 독일 마르크화의 기능이 완전히 상실됐다고 봐도 무방하다. 일반적인 인플레이션의 범주를 벗어나는 현상이다. 그래서 경제학자들은 이를 하이퍼인플레이션(hyperinflation), 우리말로 초인플레이션이라고 표현한다.

독일 국민은 패닉에 빠졌고 처참한 생활을 견뎌야 했다. 빵 한 조각을 사기 위해 손수레에 돈을 한가득 싣고 달려가 긴 줄을 서야 했다. 또 프랑스의 억압 정책과 루르 지방 점령은 독일인에게 굴욕감을 주었다. 설상가상으로 1929년에 시작된 대공황은 가뜩이나 어려운 독일 경제를 더욱 곤경에 빠뜨렸다. 식민지를 잃어버려 수출 길을 확보하지 못한 독일은 대공황의 충격을 정면으로 맞았다. 기업들이 줄줄이 문을 닫으며 실업률이 40퍼센트에 육박했다.

한편 독일의 경제 위기는 일부 정치인에게 기회였다. 독일인들은 강력한 독일 제국의 부활과 민족주의를 주창한 히틀러를 우상

화하기 시작했다. 결국 나치는 1차 세계대전 이전의 독일 제국의 정당한 국경을 복원해야 한다는 민족주의 정책을 내세우며 정권 장악에 성공했다. 독재 체제에 돌입한 히틀러는 베르사유 조약 폐기를 선언했다. 케인스의 예언처럼 새로운 전쟁의 씨앗이 독일에서 움트기 시작한 것이다.

2차 세계대전의 발생 원인에도 역시나 제국주의가 있다. 1차 세계대전 이후에도 영국, 프랑스, 소련은 여전히 많은 지역을 식민지로 거느렸다. 전쟁에서 패한 독일은 모든 식민지를 잃은 상태였다. 또 1차 세계대전에서 얻은 게 전혀 없는 이탈리아도 식민지가 없었다. 영토 확장의 욕망을 누르지 못한 이탈리아는 에티오피아, 알바니아, 그리스를 차례로 침공했다. 독일 나치 정권은 악화된 재정 문제를 해결하기 위해 다른 나라를 침략해 재산을 강탈하는 방법을 선택했다. 1939년 폴란드 침공이 그 결과다. 그러자 영국과 프랑스가 선전포고를 했다. 2차 세계대전이 발발한 것이다.

그런데 독일은 1차 세계대전의 책임을 지고 얼마의 배상금을 갚았을까? 협상국이 요구했던 배상금의 겨우 6분의 1을 갚는 데 그쳤다. 베르사유 조약에서 정한 배상금이 얼마나 터무니없고 무리한 규모였는지 짐작할 수 있다.

# 대량 소비가 가져온
# 자본주의의 대위기

## ⊏ 미국의 산업혁명 ⊐

미국은 광활한 토지와 풍부한 천연자원 등 공업 발전을 위한 유리한 조건을 두루 구비하고 있다. 이러한 조건을 배경으로 미국의 공업은 남북전쟁 이후 본격적으로 발달하기 시작했다. 전쟁에서 승리한 북부가 공업화에 적극 나섰고 보호무역을 통해 미국의 이익을 확대한 덕분이었다.

공업화에 유리한 조건을 잘 갖춘 미국에도 부족한 자원이 하나 있었다. 바로 노동력이다. 적극적 이민 정책으로 유럽 중산층 출신의 노동자들이 대거 미국으로 유입되면서 숨통이 트이긴 했지만, 드넓은 토지와 공업 규모를 고려하면 노동력이 만성적으로 부족했다. 그런 이유로 미국 경제에는 늘 임금 상승 압력이 존재했다.

이를 개선하기 위해 미국의 공업화 방향은 노동 집약형 대신 노동 절약형으로 돌아섰다. 또한 대량 생산을 위한 기술 개발에 초점을 두었다. 영국에서 도입한 기술도 그대로 적용하는 대신 개량하고 기계 부품을 표준화했다.

이러한 노력 덕분에 미국은 1880년대에 들어서자 공업 생산이 농업 생산을 추월해 농업국에서 공업국으로 변모했다. 1850~1900년 기간 동안 미국의 농업 생산량은 3배 증가하는 데 그쳤지만, 공업 생산량은 11배나 증가했다. 20세기 초 미국의 공업 생산량은 전 세계의 3분의 1을 차지할 정도로 성장했으며 기술 측면에서도 유럽의 선발 공업국을 따라잡았다.


## ⊂ 자동차로 대표되는 미국 공업 ⊃


20세기 미국 공업에는 눈에 띄는 변화가 하나 있었다. 면공업, 제분공업, 철공업 등 전통적인 공업 대신 자동차, 정유, 전기기계 등 신분야의 공업이 급성장하기 시작한 것이다. 미국이 적극 추진했던 대량 생산을 위한 기술 개발의 결실이라 할 수 있다. 특히 자동차 공업은 공업 생산량 순위에서 1914년에 8위를 차지하더니 1929년에는 1위에 등극하기에 이르렀다. 이 외에도 전기공업, 화학공업 등도 크게 발전했다.

자동차 생산이 미국의 대량 생산 방식을 대표하는 자리에 서도록 이끈 사람은 헨리 포드(Henry Ford, 1863~1947)다. 그는 어려서부터 기계에 관심이 많아 15세에 직접 모터를 만들기도 했다. 기계공으로서 다양한 기술을 익힌 포드는 1903년에 자신의 이름을 딴 포드 자동차회사를 설립하고 호환되는 부품을 사용해 'T형 포드'를 대량 생산하기 시작했다.

포드의 대량 생산을 향한 열정은 여기서 멈추지 않았다. 1913년에는 컨베이어 벨트를 이용한 조립 공정 방법을 도입해 자동차 1대 생산에 필요한 시간을 90분으로 단축시키는 혁신을 이루었다. 대량 생산은 대량 공급을, 그리고 가격의 하락을 불러왔다. T형 포드의 가격은 1909년 825달러에서 1925년에 260달러로 낮아졌다. 총 1500만 대나 팔린 덕분에 고급 상품으로 분류되던 자동차가 중산층의 상품으로 대중화됐다.

더 나아가 포드는 1914년에 노동시간을 하루 9시간에서 8시간으로 단축하면서도 노동자 일급을 5달러로 두 배 인상했다. 노동자들의 소득과 여가 시간이 늘어나면 자동차의 소비도 확대될 수 있을 것이라고 판단했기 때문이다.

포드가 이끈 표준화된 대량 생산 기술과 대량 소비는 20세기 경제와 산업 사회의 중요한 특징이 됐다. 이러한 생산 시스템을 포디즘(Fordism) 또는 포드주의라고 부른다. 포드의 대량 생산 기술은 자동차 분야를 넘어 철강, 제지, 화학, 석유, 전기, 가전제품 등 여러 산업으로 확산됐고 미국 경제는 규모의 경제 효과를 톡톡히 누렸다. 미국이 세계 최고의 경제 대국 지위를 확고히 하게 된 배경에 포디즘의 역할이 컸다는 사실을 부인하기 어렵다.

## ⊂ 표준화된 상품의 대량 소비가 이루어진 시대 ⊃

공업의 발달과 대량 생산의 실현은 사람들의 삶을 근본적으로 바꾸었다. 귀족이 아닌 보통 사람들이 옷, 구두, 그릇 같은 생필품은 물론이고 라디오, 세탁기, 텔레비전, 심지어 자동차까지 보유하는 세상이 됐다. 사람들은 백화점을 돌아다니며 전시돼 있는 많은 상품 가운데 자신이 원하는 것을 고를 수 있었다. 가격 흥정 없이 표시된 가격에 거래가 이루어지는 소비 생활 시대가 열렸다.

이 시기의 소비에서 주목할 필요가 있는 또 하나의 변화는 일정한 규격의 공산품 소비가 늘었다는 점이다. 수공업에 의한 상품은 품질에 편차가 심했다. 하지만 공장에서 기계에 의해 판에 찍히듯 생산되는 공산품은 일정한 품질이 보장됐다. 소비자들은 상표만 보고도 품질을 신뢰할 수 있었다. 이때부터 상표의 중요성이 커졌다. 오늘날에도 대부분의 소비자들은 '믿고 사는' 자신만의 상표를 몇 개씩은 마음속에 품고 있다.

미국 제31대 대통령에 당선된 허버트 후버(Herbert Hoover, 1874~1964)는 1928년 취임 연설에서 다음과 같이 자신감에 넘친 발언을 했다.

"미국은 세계 역사상 전례가 없는 빈곤으로부터의 최종 승리를 목전에 두고 있습니다. 얼마 안 가서 우리는 신의 가호와 더불어 이 나라에서 빈곤이 소멸되는 날을 맞이하게 될 것입니다."

그러나 인간의 자만심에 대한 신의 경고였을까. 연설문의 잉크가 채 마르기도 전에 미국 경제에 재앙이 덮쳤다.


## ⊏ 자본주의의 위기 ⊐

산업혁명과 기술 발전에 힘입은 대량 생산은 스스로 경제 위기를 잉태했다. 바로 과잉 생산이 문제였다. 생산 능력이 부족하던 과거에는 생산량이 인간의 수요를 따라가지 못했다. 하지만 이 시기에는 오히려 생산품이 시장에서 미처 다 팔리지 않았다. '황금의 1920년대'라는 평가가 무색하게 어느덧 경제에 불황의 그림자가 드리워져 있었다.

물론 인간이 처음 경험하는 불황은 아니었다. 자본주의가 시작된 이후 불황은 자주 반복됐다. 각자 자신의 이익을 추구하는 과정에서 경쟁을 통해 발전하는 자본주의의 특성상 경기 변동은 불가피한 현상이다. 소비와 생산의 주체가 다르므로 시장에서 둘이 늘 조화롭게 균형을 이루지는 못한다. 예를 들어 1873~1896년에도 20년 이상 지속된 장기 불황이 산업혁명으로 팽창 일로에 있던 유럽과 미국 경제를 강타한 적이 있다.

그러나 1929년부터 미국에서 시작해 전 세계로 확대된 불황은 규모 면이나 심각성 면에서 이전과는 비교할 수 없을 정도로 극심했다. 3년 만에 미국 공업 생산은 60퍼센트 수준으로, 무역은 3분의 1 수준으로 줄어들었다. 재고가 쌓이자 기업들은 생산을 줄이기 시작했고 실업자가 대량 발생했다. 미국의 실업률은 최고 24퍼센트에 달해 4명 가운데 1명이 실업자로 전락했다. 주가는 최고치 대비 90퍼센트나 하락했다.

이 시기의 극심한 경기 침체를 단순히 불황이라고 표현하기에는 부적절하다는 판단하에 사람들은 '대공황(The Great Depression)'이라는 용어를 만들었다. 당시에는 자본주의의 위기 또는 세계 경제의 위기라는 표현이 전혀 어색하지 않을 정도로 경제 상태가 위중했다.

1929년에 대공황이 발생한 원인에 대해서는 많은 이야기들이 오간다. 미국 금융 당국의 잘못된 금융 정책 때문이었다는 분석도 있고, 자본주의의 구조적 모순 때문이라는 분석도 있다. 혹자는 1919년의 베르사유 조약을 범인으로 지목하기도 한다. 원인이 무엇이 됐든 이 기간에 총수요가 총공급을 따라가지 못했다는 점만은 분명하다.

생산한 상품이 팔리려면 시장에서 상품을 구입하는 수요가 있어야 한다. 그리고 수요는 소득이 뒷받침돼야 한다. 하지만 수요의 대다수를 차지했던 중산층, 또는 노동자의 소득이 증가하는 속도가 생산의 증가 속도보다 느렸다. 독점 기업들의 지배력 확대는 노동자의 임금 증가 속도를 더디게 만드는 요인 가운데 하나였다. 소득이 충분히 증가하지 않으니 수요가 확대되는 데에도 한계가 있었다.

가난한 사람은 돈이 없어서 소비하지 못했다. 부자는 돈이 너무 많아서 미처 다 소비하지 못했다. 예를 들어 가난한 사람은 소비 성향이 1에 가까워 100원의 소득이 생기면 100원을 거의 대부분 소비한다. 저축할 여력도 별로 없다. 반면에 부자는 100원이 생기면 60원 정도밖에 소비하지 않는다. 소비 성향이 0.6이다. 부자는 이 정도 소비로도 생활하는 데 아무런 문제가 없다. 나머지 40원은 소비하지 않고 저축하는 데 쓰이므로 총수요가 총공급에 미달할 수밖에 없다.

한편 미국에서 시작된 대공황은 전 세계로 전염됐다. 1차 세계대전 이후 세계 경제의 미국 의존도가 매우 높아진 탓이다. 미국이 위기에 처하자 유럽에 있던 미국 자본이 한꺼번에 빠져나가면서 유럽에도 대공황의 소용돌이가 들이닥쳤다. 그래서 당시의 대공황을 '세계 대공황'이라고도 부른다.

시장은 이상적이며 수요와 공급의 불일치는 시장 가격(보이지 않는 손)에 의해서 저절로 균형에 이른다는 자유주의 믿음에도 금이 가기 시작했다. 자유주의와 자본주의에 대위기가 닥친 것이다.

1929년 세계 대공황으로 미국을 비롯한 세계의 자본주의 국가들이 대혼란에 빠지자 소련과 사회주의자들은 "드디어 자본주의의 붕괴가 시작됐다"며 환호했다. 마르크스의 예언대로 세계가 사회주의로 이행할 것이라며 사회주의의 승리를 자신했다.

그러나 이에 반하는 주장을 내세운 소련 경제학자가 있었다. 자본주의의 경기 변동을 연구한 니콜라이 콘드라티예프(Nikolai Dmitriyevich Kondratiev, 1892~1938)다. 그는 역사적으로 볼 때 세계 경제가 50년 정도의 주기를 두고 큰 경기 변동을 반복해왔다고 주장했다. 이러한 경기 변동에 그의 이름을 붙여 '콘드라티예프 파동(waves)' 또는 '콘드라티예프의 경기 변동'이라고 부른다.

예를 들어 어떤 분야에 기술 혁신이 발생하면 새로운 상품이 탄생하고 그에 대한 수요가 창출돼 경기가 좋아진다. 하지만 수십 년이 지나면 그 효과는 사라지고 상품의 재고가 쌓인다. 그 결과 경기가 하락하고 다음의 새로운 기술 혁신이 나타날 때까지 경기 침체가 이어진다.

콘드라티예프는 "불황은 자본주의 특유의 경기 변동 현상일 뿐이다. 경기가 오르락내리락하는 파동을 거치며 자본주의는 끊임없이 재생한다"고 주장했다. 즉, 그는 자본주의의 붕괴는 없다고 자신했다. 콘드라티예프의 생각은 자본주의의 필연적 붕괴라는 사상이 지배했던 스탈린 정부에 대한 정면 도전과 같았다. 결국 그는 체포

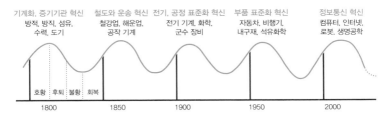

출처: Wikipedia의 내용을 일부 각색 및 보완함.

돼 처형당했다. 이때 그의 나이 불과 46세였다.

하지만 역사는 그가 옳다는 사실을 입증했다. 사회주의가 몰락했고 자본주의는 여전히 진행형이다. 물론 산업 구조가 바뀌면서 그의 주장과는 달리 경기 변동의 주기가 상당히 짧아졌지만, 자본주의가 호황과 불황을 반복하면서 끊임없이 새로운 기술 혁신을 이루어내는 과정에서 확대 재생산을 반복하고 있다는 사실에는 변함이 없다.

# 돈에 목줄을
# 채우고 싶은 사람들

## ⊏ 정부가 경제에도 개입한다 ⊐

미국 경제가 대공황으로 극심한 몸살을 앓고 있을 때 프랭클린 루스벨트(Franklin D. Roosevelt, 1882~1945)가 미국 제32대 대통령으로 선출됐다. 루스벨트 대통령은 최악의 경제를 살리는 데 총력을 기울였으며 경제 회복에 도움이 된다고 판단한 모든 정책을 과감히 실행에 옮겼다. 그가 미국을 재건하기 위해 추진한 일련의 정책들은 뉴딜(New Deal)이라는 이름으로 불린다.

은행 개혁법, 일자리 안정책, 산업 개혁, 각종 복지 정책 등 그의 행정부가 채택한 정책은 일일이 나열하기 힘들 정도로 많고 다양하다. 미국 내 모든 주류의 제조, 판매, 유통, 소비를 금지했던 금주

법조차 소비 확대를 위해서 폐지했다. 뒤이어 노동조합 지원책, 공공사업 프로그램, 사회보장법, 이주 노동자를 위한 원조 프로그램 등도 뉴딜 정책의 일환으로 추진됐다. 비록 뉴딜 정책으로 대공황의 그림자가 완전히 사라지지는 않았지만 미국 경제가 회복되는데 도움이 됐다.

　루스벨트 대통령이 강력하게 추진한 정부 주도의 정책은 이전까지 대부분 사람들이 지녔던 신념과 분명히 대치된다. 정부가 시장에 매우 깊숙이 개입하는 것이기 때문이다. 오늘날에는 정부가 시장에 개입하는 일이 비일비재해 별로 놀라운 일이 아닐 수 있다. 하지만, 작은 정부가 좋은 정부이며 정부의 시장 개입을 반대하는 자유주의 사상이 지배하던 당시에는 획기적인 변화였다. 루스벨트 대통령이 이러한 변화를 채택한 데는 근대 경제학의 거인이라 불리는 케인스의 영향이 컸다.


## ⊂ 화려한 경력의 케인스 ⊃


케인스는 마르크스가 역사에 한 획을 긋고 세상을 떠난 해에 영국의 대학 도시 케임브리지에서 태어났다. 신이 한 사람을 데려가고 그의 빈 공간을 채워줄 사람을 내려보냈다는 말이 있을 정도로 두 사람이 세계 경제에 미친 영향은 지대하다.

　유복한 집안에서 태어난 케인스는 상류층 자녀들이 다니는 사립 고등학교 이튼스쿨을 졸업하고 케임브리지대학에 진학했다. 전형적인 엘리트 코스였다. 학교 졸업 후에도 그의 경력은 화려할 뿐만 아니라 다양했다. 저돌적인 성격과 다방면에 걸친 관심과 토론의 영향 덕분인지 그는 학자로서 활동하는 데 그치지 않고 공무원 시험에도 응시해 정부를 위해 일하기도 했다. 케인스는 공무원으로 봉사하면서 연구 활동도 게을리하지 않았고 여러 권의 책을 저술해 유명 인사가 됐다.

특히 케인스는 공무원일 때 1차 세계대전의 패전국인 독일과 승전국 사이에 맺은 베르사유 조약 회의에 영국 재무부 대표단의 일원으로 참석해 국제 무대에도 등장했다. 회의 내용에 회의감을 느낀 그는 대표단에서 사임하고서 출판을 통해 베르사유 조약을 거세게 비판했다. 이후 케임브리지대학에서 학생들을 가르쳤지만 학교는 그의 활동 무대로서는 너무 좁았다. 다시 사표를 낸 그는 사업과 주식 투자에서도 성공을 거둬 상당한 재산을 축적했다.

2차 세계대전 기간에는 영국의 힘을 유지하기 위해 미국에 강하게 맞서 싸웠으며, 종전 후 세계가 수행해야 할 거대한 프로젝트를 구상했다. 세계의 은행, 즉 슈퍼 뱅크를 설립하는 문제였다. 케인스는 2차 세계대전이 끝나갈 무렵인 1944년, 연합국 44개국이 참가한 브레턴우즈 회의에 참석해 자신의 주장을 강력히 펼쳤다. 그 결과 세계은행(World Bank)과 국제통화기금(IMF)이 창설됐다. 케인스는 세계은행의 초대 부총재로 취임했다.

## ⊂ 마비된 보이지 않는 손 ⊃

대공황이 한창 진행될 때에도 자유방임주의에 길들여진 경제학자들에게는 다른 대책이 없었다. 그저 시장을 믿고 바라보고 기다릴 뿐이었다.

> "최악의 상황에서 벗어날 때까지 기다릴 수밖에 없으며, 자유 시장의 역학 관계에 의해 저절로 시정돼 다시 번영을 되찾을 수 있도록 바라보고 있어야 한다."

케인스의 생각은 달랐다. 그는 과잉 생산과 대량 실업이 상당히 오래 지속될 것으로 예상했다.

> "장기적으로 우리는 모두 죽는다. 태풍이 닥치는 계절에 경제학자들이 고작 '태풍이 지나가고 한참 있으면 바다가 잠잠해질 것이다'라고 말하는 데 그친다면 경제학자들의 역할은 너무 쉽고 쓸모없다."

쉽게 말해 모두 죽고 난 다음에 경기가 회복되면 무슨 소용이냐는 의미다.

케인스는 다양한 분야에서 활동하고 여러 권의 책을 저술했지만 그를 대표하는 책은 1936년에 발간된 《고용·이자 및 화폐의 일반 이론》(General Theory of Employment, Interest and Money)이다. 흔히 줄여서 《일반 이론》이라 부른다. 대부분의 사람들은 책 이름 앞에 붙어 있는 '일반'이라는 단어에 별 의미를 두지 않지만, 케인스가 '일반'이란 단어를 굳이 붙인 데에는 중요한 이유가 있다.

이전까지 경제학자들의 사고를 지배했던 고전학파 경제학은 '실업자가 없는 완전 고용'이라는 '특수한' 상황에서나 적용될 수 있다는 것이 케인스의 생각이었다. 하지만 케인스는 경제에 실업자가 존재하는 것을 '일반적인' 상황으로 봤다. 그런 이유로 자신의 책은 일반적인 경제 현상에 대한 이론을 서술하고 있음을 강조한 것이다.


## ⊂ 적극적으로 총수요를 창출해야 ⊃


케인스는 불황을 극복하기 위해 적극적인 대응이 필요하다고 생각했다. 시장이 불황에서 쉽게 벗어나지 못하는 근거를 케인스는 사람들의 심리에서 찾았다. 호황기에는 위험을 무릅쓸 정도로 적극적이지만, 불황기에는 절망과 공황 상태로 급변하는 것처럼 사람들이 일종의 '야성적 충동(animal spirit)'을 가졌다고 봤다. 그리고 세계 경제가 불황에 접어들었을 때 야성적 충동을 방치한 결과 심각성이 증폭돼 대공황으로 이어졌다는 것이다.

케인스는 불황기에 통화 정책이 효과를 거두기 힘들다고 주장했다. 통화량이 증가해 이자율이 낮아지더라도 불황으로 인해 미래에 대한 기대가 절망적인 자본가들은 위험한 투자를 하지 않는다. 그 대신 안전한 채권을 사거나 그냥 현금으로 보유하는 등 자신의 자산을 지키는 데 급급하다. 그러니 총수요와 고용이 늘어나지 않는다.

이처럼 경기를 활성화하기 위해 중앙은행이 공급을 늘린 통화가 투자로 이어지지 않고 화폐 등의 금융 자산으로 남아 있는 현상을 '유동성 함정(liquidity trap)'이라고 한다. 유동성은 곧 통화를 의미한다. 즉, 통화가 구덩이에 빠져 벗어나지 못하는 상황을 빗댄 용어다. 이런 치명적 상황에서 벗어나려면 새로운 구원자로서 외부의 힘, 즉 정부 지출이 필요하다고 케인스는 주장했다.

본질적으로 불안정한 시장이 대공황에서 탈출하기 위해서는 정부가 개입해 지출을 늘려야 한다는 케인스의 논리는 이렇다. 우선 고용을 늘리려면 시장에서 총수요가 늘어나야 한다. 문제는 총수요를 늘릴 수 있는 수단이다. 총수요는 소비, 투자, 정부 지출, 순수출로 구성되는데, 소비로 총수요를 늘리는 데는 한계가 있다. 사람들이 소득의 전부를 소비하지 않고 일부를 저축하기 때문이다. 대공황의 경우처럼 미래의 투자 성과에 대한 확신이 없고 불안할 경우에는 기업이 투자를 늘릴 동기도 없다.

그러므로 총수요를 늘리려면 정부가 직접 총수요 부족분을 메우는 수밖에 없다. 케인스는 몇 사람의 부자를 자극해 소비를 늘리는 것보다는 차라리 100만 명의 사람에게 일자리를 제공할 수 있는 공공사업에 돈을 투입하는 것이 총수요를 자극하는 데 더 효과

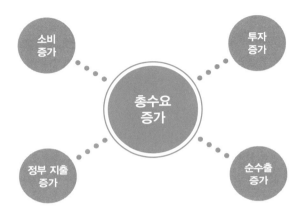

적이라고 믿었다.

그는 자신의 주장을 한층 더 극적으로 만들 수 있는 '승수 (multiplier)'라는 개념도 제시했다. 예를 들어 정부가 10억 원을 투입하면 경제 전체적으로 50억 원의 생산 증대 효과가 유발된다는 것이다. 이때 승수는 5가 된다. 승수 효과는 성경에 나오는 '오병이어의 기적'에는 미치지 못하지만 기적 못지않은 경제 현상이다. 코로나 19 바이러스가 대유행할 당시 정부가 전 국민에게 긴급재난지원금을 지급한 배경에도 승수 효과에 대한 기대가 있었다.

이러한 케인스의 주장은 영국보다 미국에서 먼저 채택됐다. 강력한 정부를 추구하던 독일의 나치 정권 역시 케인스의 아이디어를 환영했다.

# ⊂ 케인스 혁명 ⊃

케인스는 자신의 대표 저서 《일반 이론》을 출판하면서 대단한 자신감을 드러냈다.

> "이 책으로 말미암아 기존의 경제 형태가 뿌리째 흔들리는 것을 면하게 될 것이다."

국가의 적극적인 개입과 사려 깊은 관리가 이뤄질 때 자본주의를 사회주의나 파시즘으로부터 구제할 수 있다는 뜻이다.

케인스의 이론은 경제학이 아무런 대책을 내놓지 못하고 있는 것에 실망하고 있던 젊은 경제학자들에게 단비 같은 존재였다. 이들은 케인스의 이론을 더욱 발전시켜 마침내 거시경제학(macroeconomic)이라는 분야를 창출했다. 자본주의 세계에서 정부가 경제에 적극적으로 개입해야 한다고 주장하는 경제학자들을 케인지언(Keynesian), 이들의 사상을 케인스학파라고 부른다.

2차 세계대전이 끝나고 나자 세계 각국은 케인스 경제학을 적극 받아들였다. 비록 국가마다 차이가 있지만, 경제 문제가 발생하면 정부가 망설이지 않고 시장에 개입해 문제 해결에 나섰다. 자유방임주의와는 확실히 다른 양상이었고, 마르크스 경제학과도 거리가 있었다. 케인스 경제학은 그 사이에 위치하고 있다. 이를 수정 자본주의라 부른다. 시장과 국가가 섞여 자본주의를 유지한다는 뜻에서 혼합 경제(mixed economy)라고도 부른다.

케인스 이후 세계 경제는 그의 사상에 의존했다. 그의 사상을 케인스 혁명, 그를 근대 경제학의 거인이라고 부르는 것도 결코 과장된 표현이 아니다. 스태그플레이션이라는 새로운 경제 문제가 등장한 1970년까지 케인스 경제학의 위력은 압도적이었다. 만약 대공황이라는 세계 경제 위기가 아니었다면 케인스는 그저 영국 출신의 경제학자 가운데 한 명 정도로 역사에 기록됐을지 모른다.

# 풀어 키울까, 묶어 키울까?

 ⊏ 미국과 자본주의의 황금기 ⊐

로마 제국이 세계를 지배하던 때를 팍스 로마나(Pax Romana)라고 한다. 나아가 몽골이 유라시아 대륙을 정복하고 실크로드를 통해 아시아와 유럽을 무역으로 연결했던 시기를 팍스 몽골리카, 스페인이 지배하던 시기를 팍스 히스파니카라 부른다. 영국의 팍스 브리태니카 시기도 있었다. 팍스(pax)는 평화라는 뜻의 라틴어다. 팍스 로마나라 하면 '로마의 평화'라는 뜻이며 로마 제국이 압도적인 세력으로 세계를 지배하면서 '힘에 의한 평화'를 유지했던 시기를 말한다.

2차 세계대전은 팍스 아메리카나가 본격적으로 펼쳐진 계기가 됐다. 미국은 연합국에게 각종 군수품을 공급해주는 역할을 했다. 그 덕분에 대공황이 사라졌고 경기가 빠르게 회복됐다. 1942년에는 미국의 1인당 GDP 증가율이 무려 18.7퍼센트를 기록하기도 했다. 실업률은 1퍼센트대로 뚝 떨어졌다. 미국의 입장에서 2차 세계대전은 황금알을 낳는 거위였다. 전쟁이 길어질수록 미국의 '장사'는 번성했다.

전쟁 후 미국 경제는 빠른 성장세를 이어가며 자본주의의 황금기를 누렸다. 일시적으로 경기가 나빠지면 케인스의 제안처럼 정부가 적극적으로 시장에 개입해 총수요를 확대했고 경기를 되살렸다. 불경기가 오래 지속될 여지가 없었다. 지속되는 경기 호조세에 자신감을 가진 사람들은 이제 불경기가 존재하지 않을 것으로 믿었다. 심지어 "경기 순환은 끝났다"라고 말한 경제학자도 있었다.

미국은 2차 세계대전으로 피폐화된 유럽 경제의 재건을 지원하기 위해서 '유럽 부흥 계획(European Recovery Program)'을 마련했다. 공식 명칭보다는 계획을 주도한 미국 국무장관의 이름을 딴 '마셜 플랜(Marshall Plan)'이란 이름으로 더 널리 알려져 있다.

마셜 플랜에는 유럽에 대한 미국의 영향력을 확대하고, 미국의 수출 시장인 유럽 경제를 하루 속히 재건한다는 계산이 깔려 있었다. 그뿐만 아니라 유럽 경제를 안정화시켜 사회주의가 확산되는 것을 막기 위한 의도도 있었다. 이런저런 이유로 미국의 대규모 원조가 이루어지면서 유럽 경제는 빠르게 회복했다. 미국은 야망을 이루었고 세계 자본주의 체제도 호황을 유지했다.

## ⊂ 세 명 중 한 사람이 참가한 경제 실험 ⊃

미국을 중심으로 서방 세계가 자본주의 체제에 기반을 두고 활발하게 성장세를 이어가고 있는 동안, 지구의 한쪽에서 전혀 다른 경제 체제를 고집한 국가들이 있었다. 그 중심에 러시아가 있었다.

러시아는 1차 세계대전에서 영국, 프랑스와 함께 협상국으로서 독일 중심의 동맹국에 맞서 싸웠다. 전쟁에서는 승리했지만 러시아는 여전히 가난한 국가에서 벗어나지 못했다. 전쟁과 가난에 지친 러시아 국민들의 불만이 극에 달했다. 이 틈을 타 혁명을 일으켜 권력을 잡은 사람이 레닌이다. 그는 러시아를 중심으로 '소비에트 사회주의 공화국 연방', 즉 소련을 구성하고 국가 원수가 돼 마르크스의 이념을 구현하기 시작했다. 레닌은 무계급 사회주의 국가의 모습을 그렸다.

> "무장한 프롤레타리아의 통제 아래, 기술자, 감독자, 경리 책임자 같은 관리직 직원이 노동자보다 더 많은 임금을 받지 않게 하는 것이 사회주의 경제의 기본 정신이다."

그는 자신의 이념을 실현하기 위해 러시아 은행을 국가 소유로 만들었으며 각종 산업 시설을 몰수했다. 농부들이 갖고 있던 농산물도 압류했다. 그 대신 정부는 국민들에게 모든 상품을 배급제로 분배해줬다. 재화의 거래가 시장을 통해 그리고 가격에 의해 배분

반복되는 돈의 선택 그리고 위기라는 기회

되는 시장 경제와 정반대로, 정부가 배급해주는 철저한 계획 경제를 실시한 것이다.

> "사회 전체가 노동과 임금이 평등한 하나의 사무실, 하나의 공장으로 변모할 것이다."

레닌의 권력을 이어받은 이오시프 스탈린(Joseph Stalin, 1878~1953)은 더욱 강력하게 계획 경제를 밀어붙였다. 정치, 경제, 국방 등 전 분야에서 스탈린 체제에 조금이라도 비판적인 사람들을 모조리 숙청시키는 공포 정치도 펼쳤다. 이 과정에서 약 1800만 명이 강제로 살던 곳을 떠나 이주해야 했다.

## ⊂ 계획 경제의 몰락 ⊃

소련의 계획 경제에서는 중앙의 공산당 정부가 모든 일을 지시했다. 노동자에게는 출근해야 할 장소를 지정해주었고, 생산품과 생산량을 기업에 할당했다. 정부의 명령에 의한 경제 운용은 잠시 효과를 보는 듯했다. 명령에 따라 모두 일사불란하게 움직이고 한눈팔 수 없는 세상이었다. 중국 공산당도 소련을 모델로 계획 경제를 채택했다.

소련은 계획 경제가 자본주의나 시장 경제보다 우월하다는 사실을 입증하려고 시도했다. 그러나 결과는 계획 경제의 참패였다. 소련과 중국은 시장 경제의 성장 속도를 따라가지 못했다. 정부가 나눠주는 식량과 상품은 품질이 떨어졌고 양적으로도 충분하지 못했다. 계획 경제의 생산물은 낮은 질 때문에 국제 시장에서 인기가 없었다. 유일하게 효율적이었던 부분은 방위산업과 암시장뿐이라는 말까지 생겨났다.

국민의 생활 수준 차이도 갈수록 벌어졌다. 미국인의 기대 수명은 매년 높아졌지만 소련인의 기대 수명은 오히려 낮아져 1980년대에는 격차가 5년이나 생겼다. 착취가 없는 공유가 사회주의의 강점이라고 내세웠지만, 오히려 부패가 늘어나고 뇌물 없이는 정상적으로 생활을 유지하기 힘들 지경이 됐다. 국민들은 삶의 활력을 잃었고 기회만 되면 서방 세계로의 탈출을 시도했다.

미국과 소련을 축으로 한 냉전 체제는 계획 경제의 문제점이 한계에 도달하면서 급격히 한쪽으로 기울었다. 더 이상 무력으로 국민을 통제하기 힘들다고 판단한 소련은 개방 정책과 시장 경제로 선회했고 마침내 1991년 우크라이나, 리투아니아, 카자흐스탄 등 15개 국가로 해체됐다. 지구상에서 계획 경제가 몰락한 것이다. 동독과 서독을 구분했던 베를린 장벽도 소련 해체보다 2년 앞서 이미 무너졌다.

# ⊂ 생각보다 오래 버틴 계획 경제 ⊃

경제학자들은 계획 경제의 몰락 뉴스에 그리 놀라지 않았다. 언젠가는 무너질 것이라 생각했기 때문이다. 문제는 시기였는데, 생각보다 계획 경제가 오래 버텼다는 점에 오히려 경제학자들은 놀랐다.

계획 경제가 몰락한 원인은 여러 가지다. 경제학적으로 간단히 요약하자면 근로 의욕과 동기 부족, 그로 인한 생산성 저하라 할 수 있다. 다양한 생산품으로 소비자의 욕구를 골고루 충족시키는 시장 경제와 달리, 생산과 분배를 획일적으로 처리하는 중앙집권적인 계획 경제는 효율성 면에서 시장 경제의 적수가 될 수 없었다.

계획 경제에서는 정부가 생산량과 생산품의 규격을 제시해준다. 기업과 노동자는 어떻게 하면 더 잘 생산하고 더 예쁘고 튼튼하게 생산할지를 고민할 필요 없이 지시에 따라 생산하기만 하면 된다. 생산한 물건이 시장에서 소비자에게 인기가 있을지는 더더욱 고민의 대상이 아니다. 어차피 생산품은 정부가 거둬 일률적으로 국민에게 배분해줄 것이다. 노동자가 영혼 없는 기계의 역할을 하는 것과 다름없다. 이런 환경에서는 자신의 의지로 아무런 결정을 내릴 수 없는 영혼 없는 인간이 양산될 뿐이다.

모든 사람은 동일한 양의 배급품을 받으므로 더 열심히 생산하고 동료보다 더 오래 일할 필요도 없다. 그저 시키는 대로만 묵묵히 따르면 편안하게 지낼 수 있다. 해고 염려도 없다. 근로 의욕과 자원을 절약하려는 동기가 있을 리 없다. 이것이 바로 계획 경제 체제의 환경이다.

당시의 계획 경제를 제대로 표현한 의미심장한 말이 있다.

"공산주의자들은 마치 국민에게 돈을 줄 것처럼 행동한다. 우리는 마치
일을 하고 있는 것처럼 행동한다."

이러한 세상이 오래 유지될 수 없는 것은 어쩌면 당연하다. 사람들은 편안한 것을 선호하지만, 동시에 더 나은 삶, 더 많은 소비, 더 좋은 품질의 물건을 원한다. 정부가 세운 기계적인 계획으로는 충족시켜줄 수 없는 것들이다. 사회주의 국가와 계획 경제는 자본주의 노동자의 가난한 삶을 문제 삼으며 인간다운 삶을 보장해주겠다고 시작했지만, 오히려 자본주의 국민들보다 더 가난한 삶을 국민들에게 주고 말았다. 독일의 한 신문에 게재됐던 만평이 그들의 실패에 대한 모든 것을 말해주고 있다.

"여러분 죄송합니다. 시험 삼아 한번 해봤을 뿐입니다. 마르크스와 엥겔스로부터."

# 수천 년 만에 이뤄진
# 금과 돈의 이별

## ⊂ 금과 함께한 오랜 시간 ⊃

금 본위제(gold standard)는 화폐의 가치를 금으로 나타내는 화폐 제도를 말한다. 만약 화폐의 가치를 은과 연계하면 은 본위제가 된다. 명나라 때부터 1935년까지의 중국이 은 본위제를 채택했었다. 금 본위제가 본격적으로 채택되기 전에는 금과 은의 가치에 함께 연동하는 금은 복본위제도 있었다.

금 본위제의 전통적인 모습은 금화를 주조해 시중에 화폐로 유통시키는 것이다. 기원전 700년경에 리디아가 발행한 주화가 최초의 금화이자 금 본위제의 시작으로 알려져 있다. 인간은 2000년 넘게 금화를 사용했지만 몇 가지 문제점을 지니고 있었다. 어떤 것이든 완벽한 것은 없다.

먼저 금화의 가장자리를 깎아 금으로 녹여내는 부당한 관행이 가능했다. 기술의 한계로 인해 금화의 모양이나 규격이 정교하지 않았으므로 금화의 일부를 깎아내더라도 화폐로 유통되는 데 별 문제가 없었기 때문이다. 이러한 행위는 1696년 영국이 주화의 자동 생산 기술을 도입해 금을 긁어내는 일이 어려워질 때까지 지속 됐다.

또 금화는 무게 때문에 운반과 소지가 불편하다는 단점도 있다. 끊임없이 효율성을 고민한 사람들이 대안을 내놓았다. 금화 대신 금화의 가치를 표시한 지폐 등을 발행해 유통시키는 방법이다. 즉, 정부가 금을 비축해놓고 금의 가치에 해당하는 만큼 지폐로 된 화 폐를 발행해 유통시키는 것이다. 근현대 경제에 등장하는 금 본위 제는 이러한 형태를 의미한다.

금 본위제를 채택한 정부는 미리 정해놓은 가격으로 금을 사거

**금으로의 교환을 약속하고 있는 미국의 태환 지폐**

나 판다. 예를 들어 미국이 금 1온스의 가격을 20달러로 책정한다면, 1달러는 금 1온스의 20분의 1의 가치를 지닌다. 화폐를 보유한 사람은 언제든 자신이 가진 금액에 해당하는 금으로 교환할 수 있다. 이처럼 금으로 교환할 수 있는 화폐를 태환 화폐라고 한다.

## ⊂ 역시 금이야 ⊃

역사적으로 오랜 기간 동안 인간이 금 본위제에 의존했던 이유는 그만큼 장점이 크다는 방증이다. 금 본위제에서 기대할 수 있는 가장 커다란 편익은 화폐 공급과 물가의 안정성이다. 통치자가 자의적으로 화폐 공급을 늘릴 수 없으며 금에 의해서 가치가 뒷받침되기 때문이다. 대규모 금광이 새로 발굴되는 경우를 제외하고는 화폐 공급을 크게 늘릴 수 없으므로 화폐 가치가 안정적으로 유지된다.

각국의 화폐는 금에 고정된 가치를 지니므로 환율도 안정되고 환율 변동에 의한 불확실성을 줄이는 데에도 도움이 된다. 예를 들어 금 1온스의 가격이 미국 20달러, 영국 4파운드로 고정돼 있다면, 달러화와 파운드화의 환율은 파운드당 5달러로 고정된다. 안정적인 환율의 유지는 환차손의 염려를 덜어주므로 무역 증진에 도움이 된다. 실제로 금 본위제하에서 세계 교역량이 크게 증가했다.

# ⊂ 황금 족쇄 ⊃

금 본위제에도 단점은 있다. 경제가 성장하고 인구가 증가해 거래 규모가 확대되는 속도를 금의 채굴 속도가 따라가지 못한다면 화폐 발행에 지장이 생긴다. 생산량에 비해 화폐량이 부족하면 경제 활동이 위축되며 디플레이션이 발생한다. 실제로 19세기 후반에 영국과 미국에서 발생한 심각한 디플레이션은 금 본위제의 영향이 컸던 것으로 해석되고 있다. 당시 디플레이션으로 많은 빚을 지고 있던 농부들이 농산물의 가격 하락과 빚의 상환 부담 증가라는 이중고에 시달려 정치 문제로 비화됐다.

중앙은행이 통화 정책을 자유롭게 사용할 수 없다는 문제점도 있다. 중앙은행이 경기 상태에 따라 인위적으로 화폐량을 조절할 수 없다. 화폐 공급이 금의 채굴에 의해 좌우되므로 경기 침체에도 중앙은행이 화폐 공급을 늘리지 못한다. 금 본위제를 '황금 족쇄'라고 비유하는 경제학자들도 있다. 금을 많이 확보한 국가가 강대국이 되므로 자연스레 각국은 금의 확보에 혈안이 된다. 또한 세계적으로 금은 희소하고 한정된 자원이므로 금의 확보를 놓고 국제 갈등이나 분쟁이 발생할 소지도 크다.

# ⊂ 금 본위제의 부침 ⊃

태환 화폐를 사용하는 근현대적 금 본위제는 1819년 영국에서 시작됐다. 당시 영국은 산업혁명에 힘입어 자국 제품을 전 세계 국가로 수출하고 있었다. 반대로 이들 국가는 영국에 주로 원재료를 수출하고 있었다. 영국과의 무역에서 환율로 손실을 보지 않으려면 영국의 금 본위제를 따라가지 않을 수 없었다. 결국 1870년대에 유럽 각국은 속속 금 본위제에 동참했다. 영국 파운드화는 세계의 중심 통화, 즉 기축통화(key currency) 지위에 올랐다. 영국은 세계 산업의 중심지, 런던은 세계 금융의 중심지가 됐다.

중국과의 전쟁에서 승리를 거두며 대량의 금을 획득하게 된 일본도 1897년 금 본위제를 실시했다. 20세기 초는 대부분의 선진국이 금 본위제에 의존할 만큼 금 본위제의 절정기였다. 하지만 1차 세계대전의 발발로 인해 상황이 반전됐다. 유럽 각국은 막대한 전쟁 비용을 조달하기 위해 화폐 발행을 대폭 늘려야 했지만, 금을 충분히 확보할 도리가 없었다. 전쟁에서의 승리가 더 시급한 유럽 각국은 화폐 발행을 위해 금 태환 약속을 포기함으로써 금 본위제에 심각한 타격을 입혔다.

1차 세계대전이 끝난 후 각국이 극심한 인플레이션으로 몸살을 앓자 물가 안정에 도움이 되는 금 본위제로 복귀하려는 움직임이 나타났다. 미국은 1919년에, 영국은 1925년에 다시 금 본위제로의 복귀를 선언했다. 그러나 이는 오래 지속되지 못했다. 1929년에 발생한 세계 대공황 때문이었다.

경제의 회복과 수출 확대를 위해 각국은 자국 통화의 가치를 떨어뜨렸다. 금의 가치에 고정돼 있는 환율이 흔들리는 것은 금 본위제의 위기를 의미한다. 영국은 금 본위제로 복귀한 지 6년 만인 1931년에 이를 다시 포기했다. 일본도 1930년에 금 본위제로 복귀했지만 공황 상태에 빠진 경제가 붕괴 위기에 직면하자 이듬해에 바로 금 본위제를 포기했다.


## ⊏ 미국을 위한 미국에 의한 금환 본위제 ⊐

2차 세계대전에서 연합국의 승리를 확신한 미국과 영국은 전쟁 이후의 금융 질서를 논하기 시작했다. 미국의 대표로 해리 덱스터 화이트(Harry Dexter White, 1892~1948)가, 영국의 대표로 케인스가 참가했다. 두 사람이 3년 동안 머리를 맞대고 고민한 결과가 1944년 브레턴우즈(Bretton Woods)라는 미국의 조그마한 휴양지에서 실체를 드러냈다.

이 자리에서 44개국 대표들은 미국과 영국이 제안한 통화 제도에 대해 논쟁을 벌였다. 핵심은 기축통화에 대한 것이었다. 케인스는 어느 국가의 통화도 아닌, 새로운 국제 통화 방코르(Bancor)를 도입하자고 주장했다. 하지만, 결과는 미국의 승리였다. 각국 대표들은 달러를 기축통화로 하는 금 본위제에 표를 던졌다. 회의가 열린 장소의 이름을 딴 브레턴우즈 체제가 본격적으로 시작된 것이다.

브레턴우즈 체제에서 채택한 금 본위제는 이전의 금 본위제와는 달랐다. 각국 중앙은행이 자체적으로 금 태환을 실행하는 전형적인 금 본위제를 채택하기에는 각국 금고에 있는 금이 충분하지 않았다. 2차 세계대전을 치르면서 미국 물자를 수입하느라 유럽의 금이 미국으로 대량 흘러들어간 탓이다. 종전 당시 미국이 세계 금의 75퍼센트를 보유하고 있었으니 큰소리를 낼 만도 했다.

그래서 미국만 금 태환을 실행하는 변형된 금 본위제가 시행됐다. 세계 각국의 화폐는 고정 환율로 달러와 연계하고, 달러는 35달러당 금 1온스로 교환하는 방식이다. 다른 국가의 통화는 미국 달러화로 환전한 후에 금과 태환할 수 있으므로 간접적으로 금과 연결되는 셈이다. 이를 금 본위제와 구분해 금환 본위제(gold exchange standard)라 부른다. 미국은 달러를 지탱해줄 만큼 충분한 양의 금을 확보하겠다고 약속했다.

여기에는 미국이 다른 국가의 화폐도 금으로의 태환을 간접적으로 보증해줬다는 중요한 의미가 있다. 지금은 정부의 순수한 신용을 바탕으로 불태환 지폐를 발행하고 그것을 일상생활에서의 거래에서 아무런 거리낌 없이 사용하고 있지만, 당시에는 그렇지 못했다.

당시 사람들은 금 태환이 되지 않는 지폐를 불신했다. "정부보다는 금"을 신뢰하던 시기였기 때문이다. 20세기 초반 독일의 하이퍼인플레이션, 두 차례의 세계 전쟁과 국내 경제에서의 인플레이션을 경험한 사람이라면 누구라도 그럴 것이다. 하지만 미국이 대신 보증을 서줌으로써 지폐에 대한 신뢰를 갖게 해준 것이다. 그래서 사실상 달러 본위제(dollar standard)라고 해석할 수 있다.

미국 달러만 금 태환을 허용하는 브레턴우즈 체제에는 근본적인 한계가 있었다. 세계 경제 규모가 커지고 국제 거래가 확대됨에 따라 기축통화인 달러의 공급도 크게 늘어나야 한다. 그만큼 미국은 금을 추가로 확보해야 한다. 아무리 미국이라도 희소한 금을 쉽게 확보할 수 없는 노릇이다.

경제학자 로버트 트리핀(Robert Triffin, 1911~1993)은 브레턴우즈 체제의 한계를 다음과 같이 지적했다.

"달러가 국제 거래의 기축통화 역할을 지속하려면 달러를 계속 많이 찍어 전 세계에 공급해야 한다. 그런데 달러화를 많이 발행하면 달러 가치가 떨어져 달러를 받으려 하지 않는 문제가 생긴다. 그렇다고 해서 달러 가치를 유지하려고 조금 발행하면 국제 거래에서 달러가 부족해진다."

미국의 입장에서는 이러지도 저러지도 못하는 상황에 직면한다는 뜻이다. 이를 트리핀 딜레마(Triffin dilemma) 또는 트리핀 역설이라고 한다.

## ⊂ 흔들린 기축통화 ⊃

브레턴우즈 체제의 수명을 단축한 사태는 미국에서 불거졌다. 미국 산업의 국제 경쟁력이 상대적으로 취약해지면서 무역 수지 적자에 허덕이기 시작했다. 미국의 금이 지속적으로 해외로 유출됐으며 달러의 가치가 하락했다.

베트남 전쟁이라는 복병도 등장했다. 쉽게 끝낼 수 있을 것이라 예상했던 베트남 전쟁은 미국을 전쟁의 늪에 빠트렸다. 미국은 전쟁을 치르면서 엄청난 빚을 졌으며 재정 적자가 눈덩이처럼 불어났다. '전쟁은 남는 장사'라는 속설이 무너진 사례다.

미국 경제가 흔들리자 달러에 대한 신뢰에 금이 가기 시작했다. 세계 시장에서 달러의 가치가 크게 하락했다. 미국이 35달러당 금 1온스를 보증했으므로 금 태환을 통해 커다란 시세 차익을 챙길 수 있는 기회가 생긴 것이다.

환투기 세력이 프랑스의 프랑화를 공격하기 시작했다. 자국 통화 가치를 방어하기 위해 프랑스는 보유하고 있던 달러를 금으로 교환해달라고 미국에 요구했다. 프랑스뿐만 아니라 벨기에, 네덜란드, 독일에 이어 영국마저 미국에 금을 요구했다.

브레턴우즈 체제를 유지하기 위해 미국이 선택할 수 있는 경제학적 방안은 셋 중 하나였다. 금 보유를 대폭 늘리는 방안, 달러를 대폭 긴축하는 방안, 달러 가치를 공식적으로 절하하는 방안이다. 하지만 미국은 네 번째 선택지를 골랐다. 1971년, 금 태환 약속을 더 이상 지키지 않겠다고 긴급 선언한 것이다. 브레턴우즈 체제의 한계를 스스로 인정한 셈이다. 결국 이 선택지에 의해 금 본위제의 역사는 대단원의 막을 내렸다. 고정환율 제도도 변동환율 제도에 자리를 내줬다. 기축통화로서 달러의 위상에도 심각하게 흠집이 났다.

세계 경제는 금 본위제로 복귀할 수 있을까? 금 본위제에 대한 향수에 젖어 있는 사람들도 있다. 하지만 금 본위제로의 복귀는 불가능하며 비현실적이라는 의견이 지배적이다. 전 세계의 금 매장량으로는 감당하기 힘들 정도로 세계의 경제 규모도 커졌다. 지금도 멈추지 않고 불어나는 중이다. 게다가 금은 반지나 목걸이 같은 용도로도 인기가 매우 좋다.

금 보유량 문제가 해결된다고 가정하더라도, 금 본위제에서는 중앙은행이 통화 정책을 포기해야 한다. 문제는 그럴 만큼 금 본위제의 장점이 크지 않다는 것이다. 노벨 경제학 수상자 밀턴 프리드먼(Milton Friedman, 1912~2006)은 "통화량을 늘리고 물가를 안정적으로 유지하려고 금 채굴에 쓰는 비용이 매년 국내총생산의 4퍼센트에 이른다"면서 금 본위제의 비효율성을 비판했다. 간단히 말해, 비싼 돈을 들여 땅 속의 금을 캐낸 후 다시 중앙은행의 지하 금고라는 구덩이로 옮겨 넣는 행위에 불과하다는 것이다.

이래저래 금 본위제는 역사책 속에서나 찾아볼 수 있는 화폐 제도가 됐다.

## ⊂ 내재 가치가 없는 화폐로 ⊃

지금은 금의 뒷받침 없이 화폐 발행과 유통이 원활하게 이루어지고 있는 세상이 됐다. 세계 어느 국가도 태환 화폐를 발행하고 있지 않으며, 유통되는 화폐는 모두 불태환이다. 금의 가치로 보증되지 않는 화폐가 일상 거래에서 아무런 의심 없이 원활하게 유통되고 있다. 불태환 화폐를 축적하려고 온갖 노력도 아끼지 않는다.

오늘날 각국 중앙은행은 신용을 바탕으로 화폐를 공급하고 있다. 자국 화폐 가치의 안정성을 유지하기 위해 중앙은행은 화폐 발행의 독점권을 쥐고 있다. 뒤집어 말하면 중앙은행의 실수나 욕심이 생긴다면 화폐에 대한 신뢰가 허물어지고 경제에 대혼란이 초래될 수도 있다는 말이다. 중앙은행의 역할과 신뢰가 매우 중요한 이유가 여기에 있다.

지금 우리가 거래에서 사용하고 있는 화폐는 법화(fiat money, legal tender)다. 중앙은행이 거래에 사용하도록 법으로 규정한 화폐라는 뜻이다. 한국은행법 제48조에 다음과 같이 규정돼 있다.

"한국은행이 발행한 한국은행권은 법화로서 모든 거래에 무제한 통용된다."

영국이 발행하고 있는 파운드화 역시 법화이며 불태환 화폐다. 그럼에도 영국은 지폐 앞면에 금 본위제의 유산인 "화폐 소지자에

게 지급을 약속한다(I promise to pay the bearer on demand)"라는 문구를 여전히 남겨놓고 있다. 인도나 홍콩, 심지어 아프리카 짐바브웨의 지폐에서도 이러한 문구를 찾아볼 수 있다. 현재의 관점에서 보면 "지폐 금액에 해당하는 가치의 물건을 살 수 있는 구매력을 약속한다" 정도로 해석하면 되겠다.

# 다시 돈이
# 스스로 선택하게 하라

## ⊂ 석유 파동이 불러온 낯선 경제 현상 ⊃

산업혁명 이후 자원의 중심은 석탄이었다. 그러나 석탄의 채산성이 떨어지고 고갈 가능성이 염려되자 세계 경제는 석탄보다 효율적인 석유에 의존하기 시작했다. 이제 석유 없이는 경제가 제대로 돌아가기 힘들 정도로 석유의 위상이 높아졌다. 여기에 하나의 함정이 있었다. 석탄과 달리 석유 매장은 특정 지역에 한정돼 있다는 것이다. 많은 사람들이 우려했던 사태가 실제로 발생해 세계 경제를 혼란에 빠뜨렸다. 바로 석유 파동이다.

석유 파동의 뿌리 깊은 원인은 자원 민족주의에서 찾을 수 있다. 2차 세계대전으로 아시아나 아프리카의 대부분 국가가 정치적으로는 독립했지만 경제와 자원은 여전히 선진국에 의해 지배되는 경우가 많았다. 이에 반발해 자원은 그 자원을 품고 있는 국가의 것이라며 자원에 대한 주권을 주장하고 자원 지배권을 강화하려는 움직임이 등장했다. 바로 이러한 개념이 자원 민족주의다.

1차 석유 파동은 1973년에 발생한 아랍권과 이스라엘의 전쟁이 직접적인 도화선이 됐다. 전쟁이 발발하자 중동 국가들이 주축이 된 석유수출국기구가 카르텔을 형성해 석유 생산량을 줄이고 비우호국에 대한 석유 수출을 중단했다. 원유 가격이 요동쳐 3개월 만에 배럴당 2.9달러에서 11.6달러까지 무려 4배나 폭등했다. 이로 인해 세계 각국은 두 자릿수 인플레이션을 겪는 등 혼란에 빠졌다. 동시에 각국 경제는 마이너스 성장이라는 불경기를 경험했다.

원유를 전적으로 수입에 의존하는 우리나라는 1차 석유 파동의 충격이 남달리 컸다. 1973년에 3.5퍼센트였던 물가 상승률은 이듬해에 무려 24.8퍼센트로 치솟았으며 경제 성장률은 12.3퍼센트에서 7.4퍼센트로 반토막이 났다. 무역에서도 적자폭이 2.5배나 커지는 직격탄을 맞았다. 1차 석유 파동의 충격은 2년 동안 지속된 후, 1976년이 돼서야 비로소 경제가 회복됐다.

그러나 채 정신을 차리기도 전인 1978년에 2차 석유 파동이 닥쳤다. 이슬람 혁명을 일으킨 이란이 원유 수출을 중단하면서 유가가 배럴당 13달러에서 20달러로 오른 것이다. 1980년에는 이란과 이라크가 전쟁을 하면서 유가가 30달러를 돌파했고 이듬해에는 39달러까지 치솟았다.

스태그플레이션

인플레이션              스태그플레이션

경기    물가 상승         경기    물가 상승

비산유국은 일시에 대혼란에 빠졌다. 2차 석유 파동의 위력 역시 선진국보다 우리나라에 더 심각한 상흔을 남겼다. 우리나라는 사상 처음으로 마이너스 성장률을 경험했으며 당시 물가 상승률은 28.7퍼센트로 최고치에 달했다.

두 차례에 걸친 석유 파동은 세계 경제와 경제학자들에게 새로운 충격과 과제를 던져주었다. 세계 경제에 인플레이션이 발생하면서 동시에 경기가 침체하는 현상, 즉 스태그플레이션(stagflation)이 발생한 것이다. 스태그플레이션은 이때 처음 만들어진 용어로, 경기 침체를 뜻하는 스태그네이션(stagnation)과 물가 상승을 뜻하는 인플레이션(inflation)이 결합된 것이다.

석유 파동 이전까지는 경기가 불황이면 물가가 안정되고, 경기가 호황이면 물가가 오르는 것이 일반적인 경제 현상이었다. 그런데 경기 불황과 물가 상승이라는 두 가지 악재가 동시에 발생했다. 이는 한 번도 경험한 적이 없는 낯선 경제 현상이었다. 경제학자들은 해결책을 찾지 못하고 설왕설래했다. 마치 새로운 바이러스가 나타났을 때 치료약을 갖고 있지 않은 의료진들이 우왕좌왕하는 모습 같았다. 경제학에 또다시 위기가 닥쳤다.


## ⊂ 케인지언들은 무엇하고 있나? ⊃

이때 문득 떠오르는 생각이 한 가지 있다. 케인스의 총수요 관리 정책이다. 많은 경제학자들이 더 이상의 불경기는 없다고 자신만만해했었다. 그렇다면 케인스의 불경기 타개 처방을 쓰면 되지 않냐고 물을 수 있다.

만약 케인스의 제언처럼 정부가 적극적인 재정 정책으로 불황을 극복하려 했다면 총수요가 증가해 경기 회복에는 어느 정도 효과가 있었을 것이다. 하지만 총수요 증가는 물가 상승을 유발한다. 가뜩이나 유가 상승으로 인한 인플레이션으로 몸살을 앓고 있는 경제에 물가를 더욱 자극하는 문제가 있다.

반대로 케인스의 제언에 따라 이번에는 총수요를 억제하는 정책을 쓰면 어떨까? 총수요가 감소하므로 인플레이션을 잡는 데 성공하지만, 경기가 더욱 심한 불황 속으로 빠져든다.

한마디로 스태그플레이션 상황에서는 케인스의 총수요 관리 정책을 쓸 수 없다는 뜻이다. 한 가지 문제는 해결할 수 있어도 다른 문제가 더욱 심각해지는 상황이다. 만능이라고 여겼던 케인스 경제학에 대한 회의적인 시각이 커졌고 심지어 무용론과 비판이 거세졌다.

새 바이러스에는 새 백신과 새 치료약이 필요하듯 새로운 영웅이 필요했다. 케인스 경제학에 대한 대체재는 국가의 역할을 최소화하고 시장의 자율 기능을 신뢰하는 사상, 바로 신자유주의(neoliberalism)였다. 자유주의 사상이 다시 등장한 것이다.

신자유주의자들은 정부의 무능과 부패를 강조하며 시장 경제의 효율성을 강조했다. 정부 규제의 완화, 시장의 기능 강조, 국가 사이의 자유로운 자본의 이동, 노동시장의 유연화 등을 주장하며 정부의 시장 개입을 지지하는 케인스 경제학을 내몰기 시작했다.


## ⊏ 화폐가 중요하다 ⊐

밀턴 프리드먼은 신자유주의 사상의 신봉자 가운데 한 사람으로서, 개인이 직면하는 모든 선택에서의 자유를 강조한 경제학자다. 심지어 마약이나 매춘도 개인의 자유로운 선택을 인정할 필요가 있다는 말까지 했다.

그가 1962년에 발간한 《자본주의와 자유》(Capitalism and Freedom)는 한 해에만 50만 부가 팔릴 정도로 선풍적인 인기를 얻었다. 미국의 한 텔레비전 방송사에서 자본주의와 자유를 주제로 한 경제 프로그램을 시리즈로 방송할 정도로 그의 주장은 미국 사회에 커다란 반향을 불러일으켰다.

프리드먼은 1976년에 노벨 경제학상을 수상하면서 더욱 유명세를 탔으며 그가 주장한 이론은 국내외로 확산됐다. 미국 정부도 그의 주장에 부합하는 통화 정책을 채택했다. 영국의 대처 정부 역시 그의 제안에 따른 통화 정책을 중시했다. 프리드먼은 더 나아가 이스라엘의 경제 자문역으로 부임하며 자신의 이론을 이스라엘에서 실험하기도 했다.

그가 주장한 경제 정책의 핵심은 머니터리즘(monetarism), 우리 말로는 통화주의라는 경제 이론이다. 머니터리즘을 신봉하는 경제학자를 머니터리스트(monetarist) 또는 통화주의자라고 한다.

국가의 총수요 관리에서 재정 정책을 중시하는 케인스 경제학과 달리, 통화주의는 중앙은행의 통화 정책, 즉 통화량이 경제를 움직이는 가장 중요한 요인이라고 강조한다. 한마디로 통화주의는 반케인스 경제학이다. 통화주의의 믿음과 경제 원리는 다음처럼 정리할 수 있다.

첫째, 시장은 본래 안정적이므로 자원은 향상 효율적으로 배분된다. 따라서 모든 산업에 대한 규제는 철폐돼야 하며 정부나 노동조합의 개입은 시장에 해가 될 뿐이다.

둘째, 통화 공급량이 경제에 미치는 영향은 기간에 따라 달라진다. 단기적으로는 통화량이 물가, 생산량, 소득 모두에 영향을 미치지만, 장기적으로는 생산량이나 소득에 대한 영향이 사라지고 오로지 물가에만 영향을 미친다.

셋째, 통화량의 급속한 증가는 예외 없이 인플레이션을 초래한다. 따라서 중앙은행은 자유재량으로 통화를 공급해서는 안 되며, 미리 일정한 규칙을 정해놓고 그 규칙에 맞춰 통화를 안정적으로 공급해야 한다.

스태그플레이션으로 몸살을 앓고 있던 세계의 여러 국가들이 통화주의 정책을 공식 채택하고 나섰지만, 결국은 만족할 만한 성과를 얻는 데 실패했다. 통화주의자들의 과격한 자유 시장주의 정책으로 인해 곳곳에서 부작용이 나타났으며 경제가 더 어려워진 국가도 있었다.

그렇다고 해서 "화폐가 중요하다"는 통화주의의 명제 자체가 무효화된 것은 아니다. 화폐가 인플레이션의 주범이라는 통화주의 이론은 여전히 유효하며 살아 있다. 세계 주요국의 중앙은행은 화폐 공급을 일정한 범위 안에서 조정하는 통화 정책을 실시하고 있다.

"화폐는 여전히 중요하다."

| 복지 국가 |

# 돈이 존재하는 이유, 결국은 사람

## ⊏ 사회 복지의 확산 ⊐

빈부 격차는 자본주의 경제의 가장 큰 골칫거리다. 심지어 노동자 계급 안에서도 빈부 격차가 발생해 '귀족 노조'라는 말까지 있다. 빈곤 문제는 구성원 사이의 갈등을 유발하고 사회 불안정을 초래하므로 모든 국가는 빈곤 문제 해결에 관심을 갖고 저마다의 복지 정책으로 응전해왔다.

복지 정책의 역사는 자본주의 이전으로 거슬러 올라간다. 빈부 격차가 비단 자본주의만의 문제는 아니라는 뜻이다. 어느 사회, 어느 경제를 막론하고 빈부 격차는 항상 존재했다. 영국에서 인클로저 운동으로 많은 소작농들이 토지를 빼앗기고 도시로 이주해 빈민이나 걸인으로 전락하자 영국은 이를 국가의 책임으로 인식하고 빈민을 구제하기 위한 정책을 펼쳤다. 엘리자베스 여왕은 1601년에 구빈법(Poor Law)을 제정하고 병든 노인이나 빈민 아이들에게 원조를, 젊은 사람들에게 일자리를 제공하는 한편, 이에 필요한 재원 조달을 위해서 구빈세라는 세금을 징수했다.

복지 정책이 오늘날의 사회 보장 제도 또는 사회 보험의 성격으로 처음 발전한 국가는 독일이다. 19세기 말 독일 재상이었던 오토 폰 비스마르크(Otto von Bismarck, 1815~1898)는 국가를 안정시키려는 목적에서 사회복지법을 채택했다. '철의 재상'이라고 불리는 비스마르크는 국민을 행복하게 만드는 것이 국가의 존재 이유이므로 국민이 중심이 되는 사회 복지를 마련할 필요가 있다고 생각했다. 그 결과 1883~1889년에 의료보험, 산업재해보험, 노인과 장애인을 위한 연금제도가 연속적으로 마련됐다.

## ⊂ 복지도 요람에서 무덤까지 ⊃

2차 세계대전 이후 독일 같은 사회 복지 제도를 도입하는 국가들이 빠르게 늘어났다. 여기에는 복지 정책이 경제 위기, 사회주의 확산, 세계 전쟁을 예방하는 데에도 도움이 된다는 판단이 중요하게 작용했다. 한 국가가 채택한 복지 정책은 빠르게 이웃 국가로 전파됐다. 정치인들에게는 경쟁 정당보다 한발 앞서는 복지 정책, 이웃 국가보다 한 단계 높은 수준의 복지 제도가 표를 획득하는 데 더없이 유용한 수단이었다. 독일은 노후에 받는 연금액이 너무 적어 실제 생활에 큰 도움이 되지 않는다는 판단하에 노동자 시절에 받는 임금만큼의 연금을 노후에 받도록 하는 획기적인 복지 정책을 채택했다.

복지 제도 확산의 결과 서구 유럽의 사회 복지 지출이 국내총생산에서 차지하는 비율은 1950년 9퍼센트에서 30년 후에는 25퍼센트로 불어났다. 국내총생산의 4분의 1이 복지 분야로 쓰인 것이다.

사회 복지 제도를 처음 도입한 곳이 독일이라면, 복지 국가라는 말이 결코 무색하지 않을 정도로 풍부한 복지 정책을 도입한 국가가 스웨덴이다. 스웨덴의 사회민주노동당 당수는 다음과 같이 말한 바 있다.

"이제 우리는 시민 사회를 특권 계층과 소외 계층, 지배 계층과 피지배 계층, 부자와 빈자, 지주와 가난한 농민, 수탈자와 피수탈자로 분리하는 장벽을 부수고, 구성원 모두 서로 배려하는 양질의 인민 가정을 건설해야 한다."

스웨덴이 채택한 복지 정책은 유럽에서도 최고 조건이었다. 스웨덴의 복지 정책은 1932년 사회민주당이 집권하면서부터 시작됐으며 사회 복지 예산이 국내총생산의 3분의 1에 이르렀다. 사회민주당은 비록 '사회'라는 이름을 포함하고 있지만 중도 입장을 취하고 자본주의를 지지했다. 대신에 모든 국민을 위한 연금 제도를 도입하고 어린이의 양육비를 지급하는 복지 정책을 내세웠다.

어린이를 위한 복지 정책의 의미는 컸다. 가난하거나 경제적 어려움에 처한 국민을 지원하기 위한 복지 정책에서 한 단계 뛰어넘어, 이른바 '요람에서 무덤까지'를 표방할 수 있는 복지 제도로 진화한 것이다. 스웨덴의 복지 제도는 유럽의 많은 국가에 영향을 미쳤다. 국민들은 더 많은 복지를 요구하기 시작했고, 정치인들은 이에 화답했다.


## ⊏ 복지는 공짜가 아니야 ⊐

복지를 마다할 사람은 없다. 그러나 "이 세상에 공짜는 없다"는 경제 원리는 복지 정책에도 유효하다. 복지 정책을 유지하기 위해서는 그에 필요한 예산을 확보하고 정부 곳간에 돈을 쌓아야 한다. 세금을 그만큼 많이 거두거나 다른 분야의 예산을 억제해야 한다.

1970년대에 세계 경제가 불황으로 세금 징수 실적이 부진해지자 복지 국가들은 어려움에 처했고 복지 국가 모델에 대한 회의감이 비등했다. 스웨덴 경제는 1990년대 들어 마이너스 성장을 경험했으며 실업률이 8퍼센트로 높아졌다.

세금을 내는 국민의 불만도 생겨났다. 노동자들은 힘겹게 투쟁해 임금 인상을 달성했지만 정작 웃는 쪽은 정부였다. 늘어난 임금의 상당 부분이 세금이라는 명목으로 정부에 넘어간 탓이다. 근로자의 생활은 별로 나아지지 않았다.

국민을 위한 복지 제도는 근로자의 도덕적 해이도 야기했다. 일을 열심히 해서 소득이 늘어나더라도 상당 부분을 정부가 가져가므로 굳이 열심히 일을 하려는 근로 의욕이 꺾였다. 일을 하지 않을 때 받는 실업수당이나 힘들게 일을 하면서 받는 임금이나 차이가 크지 않았다. 굳이 출퇴근을 하며 상사 눈치를 보면서 일할 필요가 없다고 생각하는 노동자들이 생겨났다.

이러한 요인들로 인해 국가 경제의 성장 잠재력이 낮아지고 경제가 활력을 잃어버릴 우려가 있다. 국내총생산이 더디게 증가하니, 국가의 세금 징수도 한계에 이른다. 사회 복지가 국가에 부담으로 작용하며, 더 이상 복지 정책을 유지하기 힘든 지경이 된다.

신자유주의로 중무장한 정권이 집권한 유럽 국가들이 복지 혜택을 대폭 축소하는 개혁을 단행한 것도 그 때문이다. 영국의 대처 수상은 노동조합의 힘을 약화시키고 국영 기업을 민영화했다. 독일과 스웨덴의 정책 방향도 크게 다르지 않았다. 국가의 경쟁력 확보를 위한 정책이라고는 하지만, 당장 복지 혜택이 축소되는 국민에게는 달갑지 않은 정책이었다.

반복되는 돈의 선택 그리고 위기라는 기회

## ⊂ 세금을 지속적으로 많이 낸다면 ⊃

복지 정책의 원리는 단순하다. 일하는 사람들이 낸 세금으로 정부는 경제적 어려움을 겪는 사람들을 지원해준다. 부모 세대의 노동자가 나이를 먹어 은퇴하거나 경제적 어려움에 처하면 자녀 세대의 노동자들이 열심히 일해서 세금을 많이 내면 된다. 이렇게 보면 복지 제도는 가장 편리하고 간단한 정책이다. 단, 누군가가 계속해서 세금을 기꺼이, 그리고 많이 내준다면 말이다.

안타깝게도 인간의 본성은 그렇지 못하다. 자신이 낸 세금이 미래에 자신의 노후만을 위해 쓰인다면 인내하며 많은 세금을 부담할 용의가 있을 것이다. 하지만 자신의 세금이 다른 사람을 위해 쓰이고, 자신은 다음 세대로부터 충분히 지원을 받지 못할 수 있는 상황이라면 이야기가 달라진다. 노동력과 경제가 지속적으로 유지되지 않는 사회에서는 이런 현상이 발생할 가능성이 높아지며 세대 간 갈등이 발생한다.

노동자들의 근로 의욕이 떨어지고 소득이 충분히 증가하지 않는 국가는 높은 수준의 복지 제도를 유지할 수 없다. 설령 국민이 많은 세금을 기꺼이 납부하더라도, 소득이 제자리걸음을 한다면 확대되는 복지 정책을 감당할 수 없다. 복지 정책이라는 자전거가 쓰러지지 않고 계속 달리려면 몇 가지 전제 조건이 모두 충족돼야 한다.

우선 세금을 낼 수 있는 소득을 지속적으로 창출해야 한다. 복지

돈의 선택

정책이 확대된다면 이에 비례해서 소득도 늘어나야 한다. 하지만 유럽 국가가 경험했듯이 복지 정책이 근로 의욕에 부정적으로 작용해 소득이 정체하거나 감소할 우려가 있다. 국가 경제의 성장률을 높은 수준으로 오랫동안 유지하기가 말처럼 쉽지 않은 것이 현실이다.

다음으로 국민들이 소득에 대해 많은 세금을 낼 의향이 있어야 한다. 이는 복지 제도 유지의 전제 조건 가운데 가장 핵심이라 할 수 있다. 자신이 내는 세금이 제대로 쓰이고 있다는 확신, 자신도 수십 년 후에 다른 사람의 세금으로 복지 혜택을 누릴 것이라는 신뢰감이 형성되지 않는다면 정부의 세금 징수에 반발이 생기기 마련이다.

마지막으로 정부의 비효율성 문제를 극복해야 한다. 정부의 시장 개입은 경제의 효율성을 떨어뜨린다. 복지 정책과 관련해서도 세금 낭비가 많다. 남의 돈, 공짜 돈이라는 인식 때문에 복지 예산이 철저하게 집행되지 않는다.

사회 복지 강화를 주장하는 정치인들이 만약에 자신의 돈으로 정책을 실행해야 한다면 이처럼 복지를 강조할까? 결국 국민의 돈으로 생색내는 꼴이다. 경제적으로 어려운 상황에 처한 국민을 효과적으로 지원하면서도 근로의욕을 떨어뜨리지 않고 국가 성장 잠재력을 유지할 수 있는 방안이 있을까? 있다면 무엇일까?

세계 경제사 주요 사건으로 읽는 부의 지도

# 돈의 선택

**초판 1쇄** 2020년 09월 28일

**지은이** 한진수

**발행인** 이상언
**제작총괄** 이정아
**편집장** 조한별
**책임편집** 김수나
**마케팅** 김주희, 김다은

**기획·진행** 오하라
**디자인** [★]규

**발행처** 중앙일보플러스(주)
**주소** (04517) 서울시 중구 통일로 86 4층
**등록** 2008년 1월 25일 제2014-000178호
**판매** 1588-0950
**제작** (02) 6416-3927
**홈페이지** jbooks.joins.com
**네이버 포스트** post.naver.com/joongangbooks
**인스타그램** @j_books

ⓒ 한진수, 2020

ISBN 7978-89-278-1155-8   03320

중앙북스는 중앙일보플러스(주)의 단행본 출판 브랜드입니다.